GUIDE DES NATIONS UNIES POUR MODELE ONU

TABLE DES MATIERES

Chapitre 1

INTRODUCTION

UNE REPRESENTANTE DE LA REPUBLIQUE TCHEQUE S'ADRESSE A UNE CONFERENCE MODELE ONU.
PHOTO ONU/JEAN-MARC FERRE

La modélisation des Nations Unies – Modèle ONU – aussi connue comme Simulation Modèle ONU ou par l'acronyme anglais MUN, est une activité parascolaire populaire. Les étudiants jouent le rôle de représentants auprès des Nations Unies, en simulant les travaux de commissions des Nations Unies, et découvrent la diplomatie, les relations internationales et les questions globales d'actualité, et les Nations Unies elles-mêmes. On estime que des centaines de milliers d'étudiants participent chaque année dans le monde à des conférences Modèle ONU, à tous niveaux d'éducation, de l'école à l'université. De nombreux responsables actuels, dans les secteurs parlementaires ou gouvernementaux, des secteurs des affaires, des humanités et de l'art, ont participé à des simulations lorsqu'ils étaient étudiants.

Ces sept dernières décennies, les conférences Modèle ONU ont aidé les étudiants à développer leurs compétences pour la prise de parole en public, l'écriture et la recherche. Elles leur offrent souvent un premier point d'accès aux affaires et concepts internationaux, concernant la paix et la sécurité, les droits de l'homme, le développement et l'état de droit. En découvrant les Nations Unies en tant qu'institution, leur rôle dans les affaires mondiales et la diplomatie associée à leurs décisions, les étudiants voient aussi l'importance d'appréhender les choses avec le regard de quelqu'un d'autre. De nombreux étudiants ont décrit leur participation à une conférence Modèle ONU comme une expérience qui a changé leur vie, influé sur leur vision du monde, influencé leur carrière et leur a permis de se constituer un réseau international d'amis et de contacts qui continuent de faire partie de leur vie.

En 2009, les Nations Unies ont organisé leur première Conférence mondiale Modèle ONU. De nombreux participants, qui étaient des habitués des Modèle ONU, ont été surpris de découvrir que la conférence organisée par les Nations Unies était plutôt différente de celles auxquelles ils avaient participé auparavant. En réalité, de nombreux Modèle ONU ne suivent pas très précisément les règles et pratiques véritables des Nations Unies. Ce guide est par conséquent destiné à aider les étudiants et enseignants intéressés par Modèle ONU, à faire découvrir les aspects pratiques de l'organisation et à participer à une simulation d'une façon plus conforme aux travaux réels des Nations Unies.

Un des défis véritables des adeptes d'Modèle ONU « compétitifs » est de négocier pour parvenir à un *consensus* et non de gagner avec une simple majorité. Dans la réalité, l'Assemblée générale n'est pas affaire de gagnants et de perdants, il s'agit de trouver un terrain commun où tous les Etats Membres se sentent inclus. Si certaines délégations poussent pour une résolution aux dépens des autres, ce n'est en fait pas une victoire mais une opportunité manquée. Les Etats Membres considèrent qu'il est très important d'adopter une résolution qui bénéficie du plus large accord possible.

Cet ouvrage présente l'essentiel de ce qui a été appris sur la façon de simuler correctement les Nations Unies aujourd'hui. Pour assurer que les responsables et leurs conseillers soient en mesure d'organiser des simulations fidèles des réunions de l'ONU, il fournit des éléments sur la structure des

Nations Unies, les tendances récentes sur la façon dont les résolutions sont négociées et adoptées, et la place du consensus et de la diplomatie dans les procédures et le processus de prise de décision à l'ONU.

Les Nations Unies encouragent tous les étudiants – participants à Modèle ONU ou autres – à s'engager directement pour les questions intéressant l'ONU, particulièrement l'Agenda 2030 et les 17 Objectifs du développement durable (ODD).

Il y a de nombreuses façons pour les jeunes de s'engager pour les défis globaux discutés et débattus dans les Simulations Modèle ONU, d'aller un pas plus loin et de devenir des citoyens actifs. Pour des idées, initiatives et ressources, visitez www.un.org/youth.

Valeur éducative des Conférences Modèle ONU

Les conférences Modèle ONU aident les étudiants à développer leurs compétences pour la prise de parole en public, l'écriture et la recherche. De plus, elles leur offrent souvent un premier point d'accès aux affaires et concepts internationaux, concernant la paix et la sécurité, les droits de l'homme, le développement et l'état de droit.

Et ces conférences peuvent aussi faire découvrir aux étudiants les Nations Unies en tant qu'institution, leur rôle dans les affaires mondiales, et la diplomatie associée à leurs décisions.

Certaines conférences Modèle ONU utilisent un **Règlement intérieur** (nom officiel véritable des règles de procédure aux Nations Unies) qui ne donne pas aux étudiants une image et une appréciation justes de la façon dont l'ONU fonctionne. **Cet ouvrage cherche à offrir un guide complet pour aider les programmes Modèle ONU à organiser des conférences plus proches de la réalité.** Il vise également à donner aux étudiants la possibilité de découvrir la place de la diplomatie dans le processus de prise de décision.

Nous espérons que ce guide vous sera utile.

PRESENTATION DU GUIDE

A qui s'adresse ce guide

Ce guide est destiné principalement à des responsables étudiants et leurs conseillers, qui organisent des conférences Modèle ONU. Il vise à leur fournir des éléments sur la structure de l'ONU, de même que sur les procédures et processus de prise de décision, pour qu'ils soient en mesure d'organiser des simulations correctes des réunions de l'ONU. Dans le même temps, beaucoup d'informations fournies dans l'appendice (par exemple « The Essential UN », la structure de l'ONU) sont utiles pour les étudiants souhaitant en savoir davantage sur les conférences Modèle ONU et les Nations Unies.

■ DES CENTAINES DE LYCEENS DE 23 PAYS PARTICIPENT A MODELE ONU DANS LA SALLE DE L'ASSEMBLEE GENERALE. PHOTO ONU/ESKINDER DEBEBE

En quoi ce guide diffère des autres guides Modèle ONU

Modèle ONU a été développé à peu près au moment de la création des Nations Unies, certains disent même avant. Cependant, Modèle ONU n'a pas été géré initialement par les Nations Unies. La première conférence Modèle ONU co-parrainée par l'ONU a eu lieu en août 2000 au Siège de l'Organisation à New York. L'ONU a par la suite organisé trois conférences mondiales, les Global Model United Nations (GMUN), en 2009-2011. Ces trois conférences ont donné lieu à de nouvelles règles de procédure et à une nouvelle approche pour mener des conférences Modèle ONU. Ce guide s'appuie sur l'approche novatrice de ces trois Conférences.

Ce guide présente, en premier lieu, une structure de direction et de responsabilité qui reflète mieux la relation entre l'AG et le Secrétariat de l'ONU. En conséquence, les responsables étudiants jouent un rôle plus important dans nos conférences Modèle ONU que dans certaines autres conférences.

En second lieu, il utilise un Règlement intérieur plus proche de ceux utilisés à l'ONU. Même si les règlements intérieurs varient dans les diverses conférences Modèle ONU, ils sont tous largement basés sur des règles différentes de celles utilisées à l'ONU. Le Règlement intérieur de l'Assemblée générale n'a pas tous ces points et motions utilisés lors des nombreuses conférences Modèle ONU, tels que les points d'information, les points de privilège personnel, ou point d'enquête. Dans certains cas, les procédures violent même les droits souverains des Etats Membres, et ne sont dès lors pas appropriées pour les conférences de l'Assemblée générale ou du Conseil de sécurité.

En troisième lieu, la plupart des décisions adoptées par l'Assemblée générale et le Conseil de sécurité sont adoptées par consensus, ce qui signifie sans vote. La structure de direction et le Règlement intérieur doivent appuyer un environnement de travail qui encourage les représentants à établir un consensus. Ce guide présente des idées nouvelles sur la façon dont une conférence Modèle ONU peut encourager la recherche du consensus.

Comment utiliser ce guide

Le guide se compose de trois sections principales, liées entre elles, concernant : la structure, les procédures et les processus.

La section sur la structure se concentre sur deux organes principaux de l'ONU : l'Assemblée générale et le Conseil de sécurité. Elle vise à aider les organisateurs de programmes Modèle ONU à concevoir la structure de direction appropriée.

La section sur les procédures couvre la façon d'adapter le Règlement intérieur utilisé dans les réunions réelles de l'AG à une conférence Modèle ONU, où le temps est beaucoup plus court pour la prise de décision. Elle souligne aussi les différences entre les procédures utilisées dans la plupart des programmes Modèle ONU et celles utilisées à l'ONU.

La section sur les processus porte sur une vaste gamme de questions, dont :

- l'importance d'établir un consensus,
- comment présider une réunion de commission,
- comment rédiger et présenter des résolutions et amendements,
- comment préparer les notes du Président de l'AG et des présidents des commissions,
- l'art de la négociation.

Cette section vise à donner une vue d'ensemble des qualités requises pour mener une conférence attrayante et réussie.

COMMENT SONT PRISES LES DÉCISIONS À L'ONU

La session annuelle de l'Assemblée générale ouvre chaque année le troisième mardi de septembre et dure un an. Ses travaux suivent un cycle de (1) débat, (2) négociation, (3) décision, (4) mise en œuvre, et (5) la présentation de rapports. La

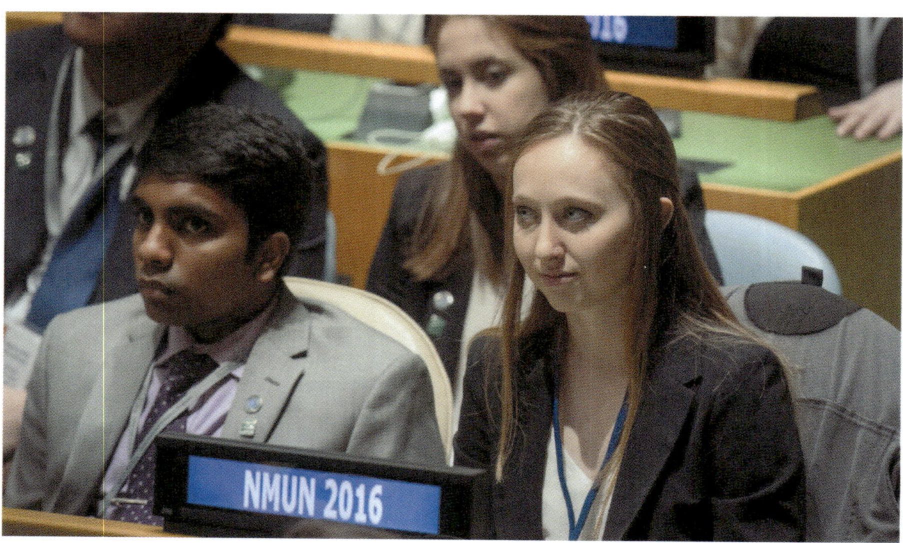

■ DES PARTICIPANTS A MODELE ONU DANS LA SALLE DE L'ASSEMBLEE GENERALE. PHOTO ONU/LOEY FELIPE

plupart des conférences Modèle ONU couvre exclusivement les trois premières phases de ce cycle.

Le processus de prise de décision regroupe trois éléments, essentiels à comprendre pour tout participant à une conférence Modèle ONU : le débat, la négociation et la prise de décision. Cette section donne une vue générale de ces trois éléments et souligne les aspects importants à inclure dans les conférences Modèle ONU. De plus, elle souligne ce qui est perdu dans la plupart des conférences Modèle ONU quand la phase de mise en œuvre est négligée.

L'établissement de l'Ordre du jour de l'AG

Au début de chaque nouvelle session de l'AG, la Plénière et ses six grandes commissions se voient allouer, pour examen, des points de l'Ordre du jour. Les points à l'Ordre du jour représentent les questions prioritaires pour l'ONU. L'objectif principal de chaque session est de prendre une décision sur chaque point de l'ordre du jour alloué à l'AG. « Examiner » un point signifie en débattre en premier et ensuite adopter une ou plusieurs résolutions le concernant.

Aux termes de l'article 10 de la Charte de l'ONU, « L'Assemblée générale peut discuter toutes questions ou affaires rentrant dans le cadre de la présente Charte ou se rapportant aux pouvoirs et fonctions de l'un quelconque des organes prévus dans la présente Charte, et…, formuler sur ces questions ou affaires des recommandations aux Membres de l'Organisation des Nations Unies, au Conseil de sécurité, ou aux Membres de l'Organisation et au Conseil de sécurité ». En d'autres termes, les résolutions adoptées par l'AG sur les points de l'ordre du jour sont considérées comme des recommandations. Elles ne lient pas juridiquement les Etats Membres. Les seules résolutions qui ont le potentiel de lier juridiquement sont celles du Conseil de Sécurité.

Pourquoi le consensus est si important

Les Etats Membres jugent très important d'adopter une résolution qui bénéficie de l'accord le plus large possible entre eux. Avant de se prononcer sur un projet de résolution, les Etats Membres passent des heures à discuter de chaque mot du projet de résolution, pour arriver à un accord sur le texte. Quand un consensus est atteint sur ce texte à l'Assemblée générale, tous les Etats Membres acceptent d'adopter le projet sans vote. Adopter un projet sans vote est la plus simple définition de ce que signifie le consensus. Si 193 Etats Membres s'entendent sur le texte mais qu'un seul Etat Membre demande un vote, le consensus n'est pas atteint.

Comme les résolutions de l'AG ne sont pas juridiquement contraignantes, le meilleur moyen d'encourager tous les Etats Membres à appliquer les recommandations énoncées dans une résolution est d'avoir l'accord de tous sur le même texte. Quand une résolution est adoptée à la majorité simple, les Etats Membres qui n'ont pas voté en sa faveur sont moins enclins à mettre en œuvre les recommandations proposées sur le point de l'ordre du jour.

Quand les Nations Unies ont été créés en 1945, il y avait seulement 51 Etats Membres, et les résolutions étaient adoptées par un vote. Aujourd'hui, il y a 193 Etats Membres, et environ 80% des résolutions de l'AG sont adoptées par consensus.

Quand vous adoptez une résolution par un vote, vous avez seulement besoin d'une majorité pour vous mettre d'accord sur son texte. Vous n'avez pas besoin de vous soucier du point de vue de la minorité qui n'est pas d'accord, ou de la comprendre. Ce processus divise.

Quand vous adoptez une résolution par consensus, vous avez besoin de vous soucier du point de vue de chacun, et de vous engager dans des négociations qui débouchent souvent sur des compromis, pour que les différents points soient pris en considération. Ce processus est inclusif.

Compte tenu de l'augmentation spectaculaire du nombre d'Etats Membres avec le temps, atteindre l'accord le plus large possible est plus vital aujourd'hui que jamais. Parce que les résolutions de l'AG sont des recommandations et qu'elles ne sont pas juridiquement contraignantes, l'obtention du consensus a aidé à assurer l'application la plus large possible des décisions de l'AG.

Dans certaines conférences Modèle ONU, les participants ne tiennent même pas compte de la mise-en-oeuvre des résolutions. En conséquence, ils n'apprennent pas la valeur du consensus par rapport au vote. La plupart des

résolutions aux conférences Modèle ONU sont adoptées par un vote. Cette façon de travailler ne tient pas compte de la façon dont l'ONU a changé. De plus, en favorisant le vote par rapport au consensus, la plupart des conférences ne « modélisent » pas le processus de négociation nécessaire pour atteindre le consensus. Vous ne pouvez pas réellement comprendre les Nations Unies en tant qu'institution sans comprendre son processus de prise de décision. Ce guide vise à assister les organisateurs à modifier leurs conférences de l'AG pour qu'ils reflètent ces changements.

Comme mentionné ci-dessus, le consensus est atteint quand tous les Etats Membres ont accepté d'adopter le texte d'un projet de résolution sans recourir à un vote. Cependant, atteindre un consensus n'est pas la même chose que l'unanimité. Il est important de noter que le consensus ne signifie pas que tous les Etats Membres sont d'accord sur chaque mot ou paragraphe d'un projet de résolution. Des Etats Membres peuvent accepter d'adopter un projet de résolution sans un vote, en ayant toutefois toujours des réserves. La chose importante est qu'il n'y a pas un désaccord essentiel dans la résolution, qui pousse des Etats Membres à la mettre au vote.

Quand des Etats Membres ont des réserves sur des éléments d'un projet de résolution qu'ils ont accepté d'adopter par consensus, ils ont la possibilité d'expliquer leur position s'ils ne sont pas auteurs du projet.

LES NATIONS UNIES EN BREF

Quand l'ONU a été créée, elle se composait de 51 Etats Membres. En 2022, elle regroupait 193 membres. Le plus récent d'entre eux, la République du Sud Soudan a rejoint l'Organisation en 2011.

Les 195 drapeaux qui flottent devant le Siège de l'ONU à New York sont disposés selon l'ordre alphabétique anglais. Ils représentent les 193 Etats Membres ainsi que deux Etats Observateurs (Le Saint-Siège et l'Etat de Palestine).

Le terme « Nations Unies » a été créé par le Président des Etats-Unis, Franklin Delano Roosevelt, en 1941. Le terme a été utilisé la première fois de façon officielle   le 1er janvier 1942.

Comment un Etat devient Membre de l'ONU

L'article 4 de la Charte stipule que « peuvent devenir Membres des Nations Unies tous autres États pacifiques qui acceptent les obligations de la présente Charte et, au jugement de l'Organisation, sont capables de les remplir et disposés à le faire. »

Un Etat qui souhaite devenir Membre de l'ONU soumet en premier lieu une demande au Secrétaire général. L'Etat fait aussi une déclaration officielle, précisant qu'il accepte les obligations en tant que membre, telles qu'énoncées dans la Charte. Le Conseil de sécurité examine la demande. Toute recommandation

■ FERMUN, MODELE ONU BILINGUE ORGANISE ANNUELLEMENT PAR LE LYCEE INTERNATIONAL DE FERNEY-VOLTAIRE (FRANCE) ET LES ORGANISATIONS DES NATIONS UNIES BASEES A GENEVE. PHOTO ONU/JEAN-MARC FERRE.

pour l'admission doit recevoir neuf votes en sa faveur de Membres du Conseil, et aucun veto ou vote négatif de l'un des cinq membres permanents.

Lorsque le Conseil de sécurité a recommandé l'admission d'un Etat, la recommandation est alors présentée à l'Assemblée pour examen. Une majorité des deux-tiers est nécessaire pour l'admission. L'adhésion aux Nations Unies devient effective à la date de l'adoption de la résolution sur l'admission.

L'emblème et le drapeau de l'ONU

Le motif de l'emblème de l'ONU a été approuvé par l'Assemblée générale le 7 décembre 1946. Il représente une carte du monde entourée par deux rameaux d'olivier. Les rameaux d'olivier sont les antiques symboles grecs de la paix. La carte illustre les activités de l'ONU en faveur de la paix mondiale. Pour prévenir le mauvais usage de l'emblème, son utilisation doit être autorisée par le Secrétaire général.

Le 20 octobre 1947, l'Assemblée générale a adopté une résolution sur le drapeau de l'ONU. Cette résolution dispose que le drapeau portera l'emblème de l'ONU sur un fond bleu clair (voir page 65).

La Charte de l'ONU

La Charte de l'ONU identifie les droits et obligations des Etats Membres. Elle établit aussi les organes principaux et les procédures.

Pour en savoir plus sur la Charte :

https://www.un.org/fr/about-us/un-charter

Les Nations Unies ont commencé à exister officiellement le 24 octobre 1945, après la deuxième guerre mondiale, lorsque les diverses nations dans le monde l'ont ratifiée. Pour commémorer cet engagement historique en faveur de la paix, la Journée des Nations Unies est célébrée annuellement le 24 octobre.

Pour en savoir plus sur l'histoire des Nations Unies :

https://www.un.org/fr/about-us/history-of-the-un

La structure de l'ONU

La Charte de l'ONU établit les six organes principaux : l'Assemblée générale (AG), le Conseil de sécurité (C de S), le Conseil économique et social (ECOSOC), le Conseil de tutelle, la Cour internationale de Justice (CIJ) et le Secrétariat.

Pour en savoir plus sur la structure de l'Organisation, veuillez consulter le diagramme du Système de l'ONU à la fin de ce guide.

Cinq des six organes principaux de l'ONU - l'Assemblée générale, le Conseil de sécurité, le Conseil économique et social, le Conseil de tutelle et le Secrétariat – sont basés au siège de l'Organisation à New York. Le sixième, la Cour internationale de justice, est établi à La Haye, aux Pays-Bas.

L'ONU n'est ni un supra-Etat, ni un gouvernement des gouvernements. Elle n'a pas d'armée et ne lève pas d'impôts. Elle dépend de la volonté politique et des contributions des Etats Membres pour mener ses activités.

Les six organes des Nations Unies :

L'Assemblée générale (AG)

L'AG est le principal organe de l'ONU. Elle est composée des représentants de tous les Etats Membres. Chaque Etat Membre a une voix. **Pour en savoir plus sur l'AG** : *www.un.org/fr/ga/*

Le Conseil de sécurité (C de S)

Le Conseil a pour responsabilité première le maintien de la paix et de la sécurité internationales. Il se compose de 15 Membres (dont les cinq permanents), et chacun d'entre eux a une voix. Tous les Etats Membres doivent se conformer aux décisions du Conseil de sécurité.

Pour en savoir plus sur le Conseil de sécurité : *www.un.org/securitycouncil/fr*

Le Conseil économique et social (ECOSOC)

L'ECOSOC est le lieu où sont discutés et débattus les défis économiques, sociaux et environnementaux de notre temps. Le Conseil recommande aussi des politiques.

Pour en savoir plus sur l'ECOSC : *www.un.org/french/esa/about_ecosoc.html*

Le Conseil de tutelle

Le Conseil de tutelle a été établi pour fournir une supervision internationale aux territoires sous tutelle. Ainsi, le Conseil assure que des mesures adéquates sont prises pour préparer ces territoires à l'autonomie ou l'indépendance.

Pour en savoir plus sur le Conseil de tutelle : *https://www.un.org/fr/about-us/trusteeship-council*

La Cour internationale de justice (CIJ)

La Cour internationale de justice est l'organe judiciaire principal de l'ONU. La Cour a la responsabilité de régler les différends d'ordre juridique entre Etats et de donner des avis consultatifs.

Pour en savoir plus sur la CIJ : *www.icj-cij.org/fr/cour*

Le Secrétariat de l'ONU

Le Secrétariat de l'ONU est chargé du travail au jour le jour de l'ONU. Le Secrétariat sert les autres organes principaux de l'ONU et administre leurs programmes et politiques.

Pour en savoir plus sur le Secrétariat : *https://www.un.org/fr/about-us/secretariat*

La famille des organisations onusiennes

La famille de l'ONU est plus large que les six organes principaux présentés ci-dessus. Elle comprend les institutions spécialisées, de nombreux programmes, fonds, entités et instituts.

Le Fonds monétaire international, la Banque mondiale et d'autres organisations connues comme 'institutions spécialisées' sont liées aux Nations Unies par des accords de coopération. Ces institutions sont des entités autonomes créées par un accord intergouvernemental. Elles ont de vastes responsabilités internationales concernant l'économie, l'éducation, la santé ou d'autres secteurs. Certaines d'entre elles comme l'Organisation internationale du travail (OIT) ou l'Union postale universelle (UPU) sont plus vieilles que l'ONU elle-même.

De plus, certains bureaux, programmes et fonds des Nations Unies oeuvrent à l'amélioration de la situation économique et sociale des peuples de par le monde. Ils font rapport à l'AG ou à l'ECOSOC.

Toutes ces organismes ont leurs propres organes directeurs, budgets et secrétariats. Avec l'ONU ils sont connus en tant que Famille ou Système des Nations Unies. Ils fournissent une assistance technique ou d'autres formes d'aide pratique dans virtuellement tous les secteurs économiques et sociaux.

Les organisations autonomes liées aux Nations unies par des accords spéciaux sont :

- **La FAO (Organisation des Nations Unies pour l'alimentation et l'agriculture):** Oeuvre pour améliorer la productivité agricole et la sécurité alimentaire, et élever le niveau de vie des populations rurales.

- **L'AIEA (Agence internationale de l'énergie atomique):** Oeuvre pour l'utilisation sûre et pacifique de l'énergie nucléaire.

- **L'OACI (Organisation de l'aviation civile internationale):** Détermine les normes internationales pour la sûreté, sécurité et l'efficacité du transport aérien. Elle sert de coordinatrice pour la coopération internationale dans tous les secteurs de l'aviation civile.

- **Le FIDA (Fonds international de développement agricole):** Mobilise des ressources financières pour élever les niveaux de production alimentaire et de nutrition des pauvres dans les pays en développement.

- **L'OIT (Organisation internationale du travail):** Formule des politiques et programmes pour améliorer les conditions de travail et les possibilités d'emploi. Elle établit aussi des normes du travail utilisées par les différents pays dans le monde.

- **Le FMI (Fonds monétaire international):** Facilite la coopération monétaire internationale et la stabilité financière. Il offre aussi un forum permanent de consultation, de conseil et d'assistance sur les questions financières.

- **L'OMI (Organisation maritime internationale):** Oeuvre pour améliorer les procédures dans le transport maritime international, augmenter les normes de sécurité marine et réduire la pollution marine par les bateaux.

- **L'UIT (Union internationale des télécommunications):** Favorise la coopération internationale pour améliorer les télécommunications de tout type. Elle coordonne aussi l'usage des fréquences radio et TV, promeut des mesures de sécurité et conduit des recherches.

- **L'UNESCO (Organisation des Nations Unies pour l'éducation, la science et la culture):** Promeut l'éducation pour tous, le développement culturel et la protection du patrimoine naturel et culturel mondial. De plus, elle appuie la coopération internationale dans le secteur scientifique et celui de la liberté de la presse.

- **L'ONUDI (Organisation des Nations Unies pour le développement industriel):** Promeut le progrès industriel des pays en développement par la coopération technique, des services de conseil et la formation.

- **L'UPU (Union postale universelle):** Etablit la réglementation internationale pour les services postaux, fournit une assistance technique et promeut la coopération sur les questions postales.

- **L'OMS (Organisation mondiale de la santé):** Coordonne les programmes destinés à résoudre les problèmes de santé. Elle travaille dans les secteurs tels que l'immunisation, l'éducation à la santé, et la fourniture de médicaments essentiels.

- **L'OMPI (Organisation mondiale de la propriété intellectuelle):** Promeut la protection de la propriété intellectuelle. Elle favorise aussi la coopération pour les droits d'auteurs, les marques déposées, les dessins industriels et les licences.

- **l'OMM (Organisation météorologique mondiale):** Promeut la recherche scientifique sur l'atmosphère de la Terre et le changement climatique. De plus, elle facilite l'échange de données météorologiques.

■ <u>Le Groupe de la Banque mondiale:</u> Fournit des prêts et de l'assistance technique aux pays en développement pour réduire la pauvreté et favoriser la croissance économique durable.

■ <u>L'OMT (Organisation mondiale du tourisme):</u> Sert de forum mondial pour les questions de politiques du tourisme et de source pratique de savoir-faire pour le tourisme.

Les quatre piliers des Nations Unies

Le fondement sur lequel l'ONU a été créée est décrit dans le Préambule de la Charte :

■ *préserver les générations futures du fléau de la guerre qui deux fois en l'espace d'une vie humaine a infligé à l'humanité d'indicibles souffrances,*

■ *proclamer à nouveau notre foi dans les droits fondamentaux de l'homme, dans la dignité et la valeur de la personne humaine, dans l'égalité de droits des hommes et des femmes, ainsi que des nations, grandes et petites,*

■ *créer les conditions nécessaires au maintien de la justice et du respect des obligations nées des traités et autres sources du droit international, et*

■ *favoriser le progrès social et instaurer de meilleures conditions de vie dans une liberté plus grande.*

Le Préambule de la Charte décrit aussi les quatre piliers de l'ONU :

■ Paix et sécurité

■ Droits de l'homme

■ Etat de droit

■ Développement

Ces piliers sont interconnectés. L'un ne peut être réalisé sans que tous les autres soient réalisés.

Paix et sécurité

Ainsi que le souligne le Préambule de la Charte, l'ONU a été créée pour « préserver les générations futures du fléau de la guerre qui deux fois en l'espace d'une vie humaine a infligé à l'humanité d'indicibles souffrances ». Le Conseil de sécurité est l'organe principal responsable du maintien de la paix et de la sécurité. Cependant d'autres organes jouent un rôle important en faisant des recommandations et en assistant dans le règlement des conflits armés.

L'ONU a grandi des ruines de la Deuxième guerre mondiale et a subi la Guerre froide*. Aujourd'hui, la paix et la sécurité ne sont plus perçues seulement en termes d'absence de conflit militaire. Les intérêts communs de tous les peuples sont affectés par divers facteurs. Ces facteurs sont la pauvreté, la faim, la dégradation de l'environnement, la faiblesse des institutions démocratiques et les violations des droits de l'homme.

Au fil des années, la gamme des tâches assignées aux opérations de maintien de la paix de l'ONU s'est élargie considérablement en réponse aux changements dans les types de conflits. Selon leur mandat, les opérations de maintien de la paix sont appelées à :

- Se déployer pour éviter l'irruption d'un conflit ou son extension au-delà des frontières.

- Stabiliser des situations de conflit après un cessez-le-feu afin de créer un environnement permettant aux parties de parvenir à un accord de paix.

- Assister dans la mise en œuvre complète d'accords de paix.

- Conduire des Etats ou des territoires dans une transition vers un gouvernement stable, fondé sur des principes démocratiques, la bonne gouvernance et le développement économique.

Les opérations de maintien de la paix incluent aussi la coordination de l'assistance humanitaire durant les conflits. Dans de nombreux conflits, les populations civiles sont spécialement prises pour cibles.

Selon les défis spécifiques à une situation, les soldats du maintien de la paix de l'ONU - connus sous le nom de Casques bleus en raison de leur casque bleu lumineux - sont souvent mandatés pour jouer un rôle dans les activités de consolidation de la paix suivantes :

- Désarmement, démobilisation et réintégration des ex-combattants

- Lutte contre les mines

- Réforme du secteur de la sécurité et d'autres activités liées à l'Etat de droit

- Protection et promotion des droits de l'homme

- Assistance électorale incluant l'appui à l'organisation d'élections et leur observation.

- Appui à la restauration et à l'extension de l'autorité de l'Etat

- Promotion de la reprise et du développement économique et social.

---

* La Guerre froide est une période de tension géopolitique entre l'Union des républiques socialistes soviétiques (le Bloc de l'est) et les Etats-Unis et leurs alliés occidentaux, qui a pris fin avec l'effondrement de l'URSS en décembre 1991.

Les soldats, les policiers et les civils qui participent aux opérations de maintien de la paix sont fournis et financés par les Etats Membres. Les Casques bleus sont actuellement déployés en nombre important dans le monde. Ces opérations emploient plus de 100,000 soldats, policiers et civils. Elles affectent la vie de centaines de millions d'hommes, de femmes et d'enfants (pour des statistiques à jour, voir *https://peacekeeping.un.org/fr.*)

CONSOLIDATION DE LA PAIX

La consolidation de la paix fait référence à l'assistance fournie à des pays et des régions, en transition de la guerre vers la paix. Une fois que les combats ont cessé, les pays demandent souvent une assistance pour reconstruire les institutions étatiques chargées du maintien de la loi et de l'ordre, de la santé, de l'éducation et d'autres services. L'assistance peut aussi inclure le désarmement, la démobilisation et la réintégration des soldats ; la supervision des élections ; et la réinstallation des réfugiés. Le cœur de la consolidation de la paix est la tentative de construire un nouvel Etat, capable de gérer pacifiquement les conflits, de protéger les civils et d'assurer le respect des droits de l'homme.

La consolidation de la paix comporte la coordination des activités de nombreuses organisations du Système des Nations Unies, d'organisations non gouvernementales (ONG) et de groupes locaux de citoyens.

Droits de l'homme

Ce principe a conduit à l'adoption de la Déclaration universelle des droits de l'homme (DUDH) par l'Assemblée générale le 10 décembre 1948.

La DUDH a été un accomplissement historique dans l'histoire du monde. C'est la première fois que les droits et libertés des individus sont décrits avec un tel détail. C'est aussi la première reconnaissance internationale du fait que les droits et libertés fondamentales s'adressent à chaque personne, où qu'elle soit. Aujourd'hui, elle continue de toucher la vie des gens. La DUDH sert aussi de modèle pour de nombreux traités et déclarations à l'échelle internationale, et a été incorporée dans les constitutions et les législations de nombreux pays. Elle a inspiré plus de 60 instruments internationaux relatifs aux droits de l'homme. C'est le document le plus connu et le plus cité sur les droits de l'homme.

A la suite de la déclaration historique de la DUDH, l'Assemblée générale a invité tous les Etats Membres à faire connaitre le texte de la Déclaration et assurer qu'elle soit disséminée, exposée, lue et expliquée principalement dans les écoles et autres institutions éducatives, sans distinction basée sur le statut politique des pays ou territoires.

La connexion entre les droits de l'homme et le développement, la justice sociale, l'Etat de droit, la non-discrimination, l'égalité des sexes et la démocratie, pour ne nommer que quelques secteurs, est clairement visible dans la DUDH. En premier lieu, elle établit que la reconnaissance des droits inaliénables de tous les individus est le fondement de la liberté, de la justice et de la paix. Ces droits inaliénables ne peuvent être repris de quiconque par quiconque ou par l'Etat. En deuxième lieu, elle donne aux droits économiques, sociaux et culturels, le même degré de protection qu'aux droits civils et politiques.

L'Etat de droit

L'Etat de droit est l'un des concepts essentiels au cœur de la mission et de l'activité de l'Organisation. Ainsi que l'établit la Charte, l'ONU cherche « à créer les conditions nécessaires au maintien de la justice et du respect des obligations nées des traités et autres sources du droit international ». Les droits de l'homme, la démocratie et l'Etat de droit sont par conséquent interconnectés et ne peuvent exister l'un sans l'autre.

Pour se développer et prospérer, les êtres humains ont besoin de sécurité, de protection et d'avoir la capacité d'exercer leurs droits individuels. Ceci ne peut être sans l'Etat de droit. L'Etat de droit concerne les personnes et institutions – y compris l'Etat lui-même – qui ont la responsabilité d'assurer que les législations soient conformes aux normes et standards internationaux des droits de l'homme.

De nombreux pays pauvres ont besoin d'assistance en matière de formation et d'emploi de personnel qualifié pour gérer des institutions démocratiques. Ces institutions sont vitales pour maintenir l'Etat de droit. De plus, la bonne gouvernance nécessite une participation publique dans le processus politique, qui contribue à garantir que les gouvernements sont responsables de leurs actions. Des élections multipartites compétitives sont essentielles pour rendre plus autonomes les populations pauvres et pour créer des processus de paix durable.

Développement

Le quatrième objectif déclaré de l'ONU est « de favoriser le progrès social et instaurer de meilleures conditions de vie dans une liberté plus grande ». L'ECOSOC est l'organe le plus associé à cet objectif. Il est responsable de la coordination des mandats de 14 institutions spécialisées et de cinq commissions régionales, en matière de développement. De plus, l'ECOSOC consulte les représentants des milieux universitaires et des affaires ainsi que des milliers d'organisations non gouvernementales dans la société civile.

Les éléments essentiels du développement sont :

- Vivre une vie longue en bonne santé
- Être éduqué
- Avoir un niveau de vie décent
- Avoir la liberté de participer à la vie de sa communauté

Tout le développement se résume en fin de compte à accroître le potentiel humain et les droits de l'homme. Cependant le développement va au-delà de l'augmentation du revenu d'un individu. Il ne peut survenir si l'individu n'est pas libéré de la misère, de la faim, de l'analphabétisme et de la maladie. Les populations qui vivent dans l'extrême pauvreté sont privées de choix. Avoir un niveau de vie décent nous donne les moyens de poursuivre nos désirs et nos rêves. Les droits de l'homme entrent en jeu quand nous reconnaissons que chacun devrait avoir les mêmes possibilités de développer ses capacités au maximum.

Le développement cesse de progresser quand des conflits violents éclatent, les droits de l'homme sont violés, ou l'Etat de droit est bafoué. De la même façon que le développement peut être affecté négativement par un conflit, le manque de développement peut mener aussi à la guerre.

Les liens étroits entre les droits de l'homme et le développement ont tenu une place prééminente dans les discussions à l'ONU. En 1986, le droit au développement a été rendu explicite dans la Déclaration sur le droit au développement. La Déclaration établit que « le droit au développement est un droit inaliénable de l'homme en vertu duquel toute personne humaine et tous les peuples ont le droit de participer et de contribuer à un développement économique, social, culturel et politique, dans lequel tous les droits de l'homme et toutes les libertés fondamentales puissent être pleinement réalisés, et de bénéficier de ce développement. »

L'importance de se concentrer sur le développement est plus visible aujourd'hui dans les efforts pour éliminer l'extrême pauvreté, comme décrit dans les Objectifs du développement durable (ODD).

L'Agenda 2030 pour le développement durable, adopté par les Etats Membres en 2015, fournit un plan partagé pour la paix et la prospérité des peuples et de la

planète, maintenant et dans le futur. En son cœur, figurent les 17 ODD, qui sont un appel urgent à l'action par tous les pays – développés et en développement – dans un partenariat mondial. Ils reconnaissent que l'élimination de la pauvreté et d'autres privations doit aller de pair avec des stratégies visant à améliorer la santé et l'éducation, réduire les inégalités, et aiguiller la croissance économique - tout en s'attaquant au changement climatique et en œuvrant à la protection des océans et des forêts, de même que nos institutions démocratiques.

Voir : *www.un.org/sustainabledevelopment/fr/objectifs-de-developpement-durable/*

L'HISTOIRE DE L'ONU

La destruction causée par la Première et la Deuxième guerres mondiales ont conduit de nombreux peuples à désirer la création d'une organisation internationale dédiée au maintien de la paix. Ce désir était si fort que peu après la Conférence de la paix de Paris en janvier 1919, le Pacte de la Société des Nations (SDN) a été adopté. (Même si la SDN a été finalement incapable de réaliser les objectifs de ses fondateurs, elle a continué à exister jusqu'à sa dissolution officielle en 1946).

Les événements suivants ont mené à la création des Nations Unies.

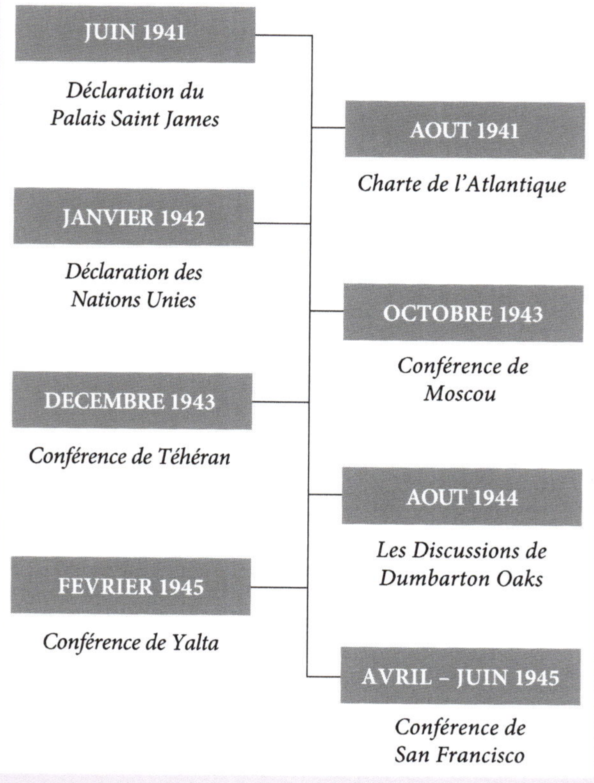

Déclaration du Palais Saint James (juin 1941)

La Deuxième guerre mondiale a commencé en septembre 1939. En juin 1941, pratiquement toute l'Europe était tombée devant les puissances de l'Axe.

Le 12 juin 1941, des représentants de différentes puissances Alliées se sont rencontrés à Londres pour signer la Déclaration du Palais Saint James. Cette déclaration était un engagement de solidarité dans le combat contre l'agression. Elle proclame que « la seule base solide d'une paix durable sera la coopération spontanée des peuples libres dans un monde, où la menace de l'agression ayant été écartée, tous pourront avoir l'assurance de leur sécurité économique et sociale. »

Charte de l'Atlantique (août 1941)

En août 1941, Les puissances de l'Axe semblaient avoir pris le dessus. Même si les Etats-Unis apportaient leur appui moral et matériel aux Alliés, ils n'étaient pas entrés en guerre. Un après-midi, deux mois après la Déclaration du Palais Saint James, la nouvelle est tombée lors d'une conférence entre le Président Franklin D. Roosevelt et le Premier ministre Winston Churchill, « quelque part en mer ». Le 14 août, les deux responsables politiques publiaient une déclaration conjointe connue sous le nom de Charte de l'Atlantique.

Ce document n'était pas un traité entre les deux puissances. En fait, il énonçait « certains principes communs, à la politique nationale de leurs pays respectifs » et sur lesquels ils fondaient leurs espoirs d'un avenir meilleur pour le monde.

La Charte de l'Atlantique affirme aussi les principes fondamentaux de la justice internationale :

- pas de changements territoriaux sans l'accord librement consenti des peuples intéressés
- le droit pour chaque peuple de choisir la forme de son gouvernement
- un accès égal aux matières premières pour toutes les nations

La Charte de l'Atlantique créa une impression profonde parmi les Alliés engagés dans la lutte. Elle portait un message d'espoir pour les pays occupés et laissait entrevoir la promesse d'une organisation mondiale basée sur des principes moraux universels.

Déclaration des Nations Unies (1er janvier 1942)

Le 1er janvier 1942, Churchill, Roosevelt, Maxime Litvinov pour l'URSS et T.V. Soong pour la Chine signèrent un court document, connu plus tard sous le nom de Déclaration des Nations Unies. Le jour suivant, les représentants de 22 nations y ajoutèrent leur signature. Les gouvernements qui signèrent ce document s'engageaient à accepter la Charte de l'Atlantique. Ils se mettaient d'accord aussi à ne pas négocier de paix séparée avec l'une quelconque des puissances de l'Axe.

LES 26 SIGNATAIRES ORIGINAUX DE LA DECLARATION DES NATIONS UNIES ETAIENT :

États-Unis	Costa-Rica
Royaume-Uni	Honduras
Union des Républiques socialistes soviétiques (URSS)	Pologne
Chine	Cuba
Australie	Inde
Grèce	Union Sud-Africaine
Nicaragua	Tchécoslovaquie
Belgique	Luxembourg
Guatemala	Yougoslavie
Norvège	République dominicaine
Canada	Pays-Bas
Haïti	El Salvador
Panama	Nouvelle-Zélande

Les autres pays qui ont signé par la suite la Déclaration (par ordre chronologique) :

27) Mexique	37) Paraguay
28) Iran	38) Arabie saoudite
29) Pérou	39) Iraq
30) Turquie	40) France
31) Philippines	41) Venezuela
32) Colombie	42) Brésil
33) Chili	43) Equateur
34) Egypte	44) Uruguay
35) Ethiopie	45) Bolivie
36) Liberia	46) Liban

La Déclaration des Nations Unies marque le premier emploi officiel du terme « Nations Unies ». Les Alliés l'utilisaient pour se référer à leur alliance.

Déclaration de Moscou (Octobre 1943) et Conférence de Téhéran (Décembre 1943)

Dès 1943, toutes les principales nations Alliées étaient engagées à travailler ensemble pour créer un monde où « tous les peuples du monde pourront vivre une vie libre » de la peur et du besoin. En octobre 1943, les représentants du Royaume-Uni, des Etats-Unis, de la Chine et de l'Union soviétique se réunissaient à Moscou. Le 30 octobre, ils signaient la Déclaration de Moscou. Ce document reconnait « la nécessité d'établir, aussitôt que possible, en vue de la paix et de la sécurité internationales, une organisation internationale fondée sur le principe de l'égalité souveraine de tous les Etats pacifiques et ouverte à tous les Etats, grands et petits. »

Deux mois après la Déclaration de Moscou, Churchill, Roosevelt et Joseph Staline, le dirigeant de l'Union soviétique, se réunissaient pour la première fois à Téhéran, la capitale de l'Iran. Là-bas, ils élaborèrent la stratégie finale des Alliés pour gagner la guerre. A la fin de la conférence, ils déclarèrent « Nous sommes sûrs que notre concorde gagnera une paix durable. Nous reconnaissons pleinement la responsabilité suprême qui nous incombe ainsi qu'aux Nations Unies d'établir une paix qui guidera la bonne volonté de la masse écrasante des peuples du monde et bannira le spectre et la terreur de la guerre pour plusieurs générations ».

Discussions de Dumbarton Oaks et Conférence de Yalta (1944-1945)

Dès 1944, de nombreux pays étaient d'accord sur la nécessité de créer une organisation dédiée au maintien de la paix et de la sécurité. L'étape suivante était la définition de la structure de cette nouvelle organisation. Pour ce faire, les représentants de la Chine, du Royaume-Uni, de l'Union soviétique et des Etats-Unis se réunirent à Dumbarton Oaks, un manoir privé à Washington.

Les réunions s'achevèrent le 7 octobre 1944. Les quatre nations soumirent une proposition pour la structure de la nouvelle organisation à tous les gouvernements alliés.

Aux termes de ces propositions, l'ONU se composerait de quatre organes principaux :

1. Une Assemblée générale composée de tous les membres,

2. Un Conseil de sécurité de onze membres, dont cinq permanents et six autres choisis par l'AG pour des mandats de deux ans,

3. Une Cour internationale de justice,

4. Un Secrétariat de l'ONU.

Un Conseil économique et social, travaillant sous l'autorité de l'AG, serait aussi établi.

Le plan de Dumbarton Oaks prévoyait que le Conseil de Sécurité serait responsable de la prévention de futures guerres. La méthode même du vote au Conseil était laissée ouverte à la discussion.

Le plan prévoyait aussi que les Etats Membres mettraient des forces armées à la disposition du C de S. Ceci permettrait de prévenir la guerre et de faire face aux actes d'agression entre Etats. Les Etats estimaient généralement que l'absence d'une force armée avait été une faiblesse fatale de la défunte Société des Nations qui avait conduit ultimement à sa disparition.

Les propositions de Dumbarton Oaks furent pleinement discutées par les Alliés. La procédure du vote au Conseil de sécurité fut par ailleurs revue par Churchill, Roosevelt et Staline, à la Conférence de Yalta. Le 11 février 1945, la Conférence de Yalta annonça que la question du Conseil de sécurité avait été résolue. Elle appela aussi à la tenue d'une Conférence des Nations Unies à San Francisco le 25 avril 1945. L'objet de cette conférence était de préparer la charte d'une organisation, « sur la base des entretiens officieux de Dumbarton Oaks ».

Conférence de San Francisco (1945)

Les représentants de 50 nations se réunirent à San Francisco. Ils représentaient plus de 80% de la population mondiale. Ces représentants étaient déterminés à établir une organisation qui préserverait la paix et aiderait à construire un monde meilleur. Le principal objectif de la Conférence de San Francisco, officiellement connue comme la Conférence des Nations Unies sur l'Organisation internationale, était de produire une charte pour cette nouvelle organisation, qui soit acceptable pour tous les pays.

La Conférence eut lieu du 25 avril au 26 juin 1945. La rédaction de la Charte de l'ONU prit deux mois. Chacune de ses parties devait faire l'objet d'un vote et d'une acceptation par une majorité des deux-tiers.

Une question qui fit l'objet de débats longs et intenses fut le droit de chaque pays membre permanent du Conseil de sécurité d'opposer son veto à toute résolution présentée au Conseil. (Les Membres permanents étaient la Chine, les Etats-Unis, la France, le Royaume-Uni et l'Union soviétique). Les plus petits pays craignaient que si l'un des « Cinq grands » ou « P5 » menaçait la paix, le Conseil soit incapable d'agir. Ils voulaient réduire le pouvoir du droit de veto au Conseil. Mais les grandes puissances insistaient sur le veto. Ils soulignaient que la responsabilité de maintenir la paix mondiale leur incomberait davantage. Finalement, les petits pays concédèrent ce point dans l'intérêt de la création de l'organisation mondiale.

Le 25 juin 1945, les représentants se réunirent à l'Opéra de San Francisco pour la dernière session plénière de la Conférence. C'est là que les représentants adoptèrent à l'unanimité la Charte de l'ONU. Le jour suivant, dans l'auditorium du Veterans Memorial Hall, les représentants signèrent la Charte. La Chine, la première victime d'agression par une puissance de l'Axe, eut l'honneur de la signer en premier.

Toutefois, l'ONU ne commença pas à exister à la signature de la Charte. Dans de nombreux pays, la Charte de l'ONU devait être approuvée par le gouvernement. Il fut donc décidé que la Charte entrerait en vigueur lorsque les "Cinq grands » et une majorité d'autres signataires l'auraient ratifiée.

Le 24 octobre 1945, cette condition fut remplie et l'ONU commença officiellement à exister. Quatre années de préparations et l'espérance de nombreuses années se matérialisaient enfin dans une organisation internationale destinée à éliminer la guerre et à promouvoir la justice et une vie meilleure pour toute l'Humanité.

Chapitre 3

SE PREPARER

■ UNE REPRESENTANTE S'ADRESSANT A UN MODELE. ONU PHOTO ONU/MARK GARTEN

Cette section fournit les informations nécessaires pour vous aider à vous préparer pour participer à une Conférence Modèle ONU. Elle se concentre en particulier sur :

- Les décisions à prendre avant une conférence – la structure d'une conférence Modèle ONU, de même que sur les tâches et devoirs des responsables essentiels

- La préparation des délégations – comment préparer votre recherche en avance, où trouver des ressources et comment rédiger des documents de position.

LES DECISIONS A PRENDRE AVANT UNE CONFERENCE

Ordre du jour, Plan de travail, documents et règlement intérieur

Adopter un Ordre du jour

L'adoption de l'ordre du jour lors de la réunion plénière de l'Assemblée générale est habituellement une formalité. L'ordre du jour doit confirmer le résultat de longues préparations et consultations entreprises avant la conférence. Tous les participants qui souhaitent le succès de la conférence veulent que l'ordre du jour soit adopté avec aussi peu de discussion ou de division que possible.

Les étapes pour adopter l'ordre du jour pour chaque session de l'AG sont les suivantes :

1. Une « Liste préliminaire des questions à inscrire à l'ordre du jour provisoire de l'AG » est publiée tôt chaque année (habituellement en février)

2. Une « Liste préliminaire annotée des questions à inscrire à l'ordre du jour provisoire de l'AG » est circulée à la mi-juin. Elle retrace l'histoire de chaque question - ou point – proposée pour inclusion à l'ordre du jour. Elle dresse aussi la liste des documents des sessions antérieures et des projets de documents importants (rapports, etc.) qui seront présentés pour discussion sur chaque point.

3. Un « Ordre du jour provisoire de la XX session annuelle de l'AG » est publié en juillet. Il reprend tous les points proposés, jusqu'à 60 jours de l'ouverture de la session.

4. Une « Liste des questions supplémentaires proposées pour inscription à l'ordre du jour » sort à la mi-août. Elle inclut tous les points proposés après la publication de l'ordre du jour provisoire jusqu'à 30 jours de l'ouverture de la session.

5. A la mi-septembre, un projet d'ordre du jour est publié et présenté à un organe dénommé le « Bureau », qui servira de base pour les délibérations. Certaines questions précédemment mentionnées peuvent être

supprimées ou reportées à une date ultérieure. Ce projet est repris dans un document intitulé « Mémoire du Secrétaire général concernant l'organisation de la XXe session ordinaire de l'Assemblée générale, l'adoption de l'ordre du jour et la répartition des questions écrites à l'ordre du jour ».

6. Le « Rapport du Bureau (basé sur le Mémoire du Secrétaire général) comporte des recommandations sur les points à inclure à l'ordre du jour. Il présente aussi la répartition des points entre la Plénière et les grandes Commissions, de même que les questions d'organisation de la session.

7. L'«Ordre du jour de la XXe session de l'AG » est adopté par la Plénière et constitue la base des travaux de la session. Les ajouts à l'ordre du jour après son adoption constituent des additifs à l'ordre du jour.

8. La « Répartition des questions inscrites à l'ordre du jour de la XX session de l'Assemblée » détaille l'allocation finale des points entre la Plénière et les grandes commissions, basée sur les recommandations du Bureau. Des changements ou des ajouts après l'adoption de l'ordre du jour sont publiés comme des correctifs ou additifs à l'ordre du jour.

La page de l'Ordre du jour et du Programme de travail, sur le site de l'Assemblée générale, liste tous les documents à examiner. Le nombre de points à l'ordre du jour varie de session à session.

Preparer L'ordre Du Jour A Une Conference Modele Onu

Normalement, la Division des affaires de l'Assemblée générale et du Conseil économique et social prépare le projet d'ordre du jour au nom du Secrétaire général. Dans le contexte d'une conférence Modèle ONU, le Secrétariat de la Conférence devrait préparer le projet d'ordre du jour sous l'autorité du Secrétaire général et le soumettre au Bureau de la Conférence Modèle ONU.

Après avoir revu le projet d'ordre du jour, le Bureau présente ses recommandations sur les points à adopter par l'Assemblée générale, la répartition des points aux commissions, et l'ordre de leur examen. Ces recommandations sont reprises dans un « Rapport du Bureau » pour adoption durant la Plénière d'ouverture de l'Assemblée générale.

Définir un programme de travail

Une fois que les points ont été répartis entre la Plénière et les grandes commissions de l'AG, un Programme de travail doit être préparé. L'organisation du travail consiste essentiellement en un calendrier ou échéancier pour effectuer le travail (c.à.d. combien de temps devrait être consacré au débat sur chaque point, aux prises de parole des délégations et à la prise de décision sur les projets de résolutions). Ce calendrier doit inclure les événements spéciaux (c.à.d.

quand des experts devraient être invités à s'adresser aux délégations). Le Bureau de l'AG prépare le programme de travail des réunions plénières, et les bureaux des grandes commissions font de même pour les travaux de chacune de leur commission, avec l'assistance du Secrétaire général et en consultation avec les délégations.

Une fois que le programme de travail est adopté de façon officieuse, il est soumis aux délégations à la séance d'ouverture. C'est donc une référence importante pour toutes les délégations.

Comment Le Transposer a une Conference Modele Onu

Normalement, l'AG et son Secrétariat rédigent le programme de travail de chaque commission. Dans le cadre d'une conférence Modèle ONU, le secrétariat de chaque commission peut préparer le Programme de travail avec l'assistance des autres membres du Bureau.

Préparer les documents

Pour préparer le Programme de travail, les délégations doivent accéder aux documents relatifs à chaque point de l'ordre du jour. Ces documents peuvent inclure :

- Les rapports du Secrétaire général sur les points de l'ordre à examiner

- Les lettres présentées par les Etats Membres sur un point spécifique

- Les rapports de fond préparés par les experts de l'ONU

- Le programme de travail lui-même, etc.

Tous ces documents doivent être disponibles pour consultation rapide par les délégations.

Comment Le Transposer a une Conference Modele Onu

En premier lieu, le Bureau doit discuter de l'ordre du jour provisoire et préparer des recommandations. Ensuite, le Secrétariat de la Conférence Modèle ONU (c.à.d. le SG et ses adjoints) doit préparer les rapports du SG sur chaque point de l'ordre du jour. Ces rapports doivent donner une histoire détaillée des différents points, y compris les actions que l'ONU a déjà prises. Ces rapports seront utilisés par les délégations comme une ressource pour les aider à préparer leurs documents de position.

Bien souvent, le Secrétariat dispose d'un Site Internet, d'où les documents peuvent être téléchargés. Ce site doit être consulté souvent by quotidiennement car de nouveaux documents y sont mis en ligne régulièrement.

LES SYMBOLES DES DOCUMENTS DE L'ONU

Les documents publiés par le Secrétariat de l'ONU sont identifiés par des symboles que les représentants doivent connaître. Le système utilisé à la Conférence devrait reproduire celui utilisé à l'ONU.

Le premier élément du symbole indique quel est l'organe à qui le document est présenté, ou l'organe qui publie le document. Par exemple :

A/-	AG
S/-	C de S
E/-	ECOSOC

Certains symboles comportent le numéro ou l'année de la session, suivant la référence de l'organe. Par exemple

AG	session	A/67/99
C de S	année	S/2013/99
ECOSOC	année	E/2013/99

Le dernier élément est le numéro du document dans la séquence des documents.

Par exemple, l'ordre du jour de la 67è session de l'AG serait numéroté ainsi :

A/67/251

'A' signifie que c'est un document de l'AG. '67' pour la 67è session et 251 signifie que c'est le 251è dans la suite des documents.

Pour plus d'informations, voir la page sur les Symboles des documents de l'AG. Une conférence Modèle ONU devrait utiliser le même format pour ses documents et l'adapter à la situation.

Choisir le règlement intérieur approprié

Le Règlement intérieur recommandé pour les conférences Modèle ONU de l'AG est disponible sur www.un.org/mun . Il est basé sur le véritable règlement intérieur – les vraies règles de procédure - utilisé à l'ONU. Presque toutes les simulations de l'AG organisées dans le monde utilisent des règles parlementaires, qui sont différentes de celles utilisées à l'ONU. Il est fortement recommandé que le Règlement intérieur de l'ONU présenté dans ce guide soit utilisé au lieu de toute autre.

Le règlement intérieur joue un rôle crucial pour assurer que les délibérations dans les réunions officielles soient menées de la façon la plus efficace possible. **Les règlements inadéquats utilisés par certaines conférences Modèle ONU, complexes alors que ce n'est pas nécessaire**, ne reflètent pas correctement ceux utilisés à l'ONU. Aux Nations Unies, les règles sont plus simples et invoquent ou questionnent moins fréquemment. **Des règles incorrectes détournent du travail à accomplir et constituent une perte de temps**. Adopter les règles suggérées dans ce guide devrait faciliter la tenue des réunions. Elles devraient aussi permettre de remplir le Programme de travail de façon plus efficace.

Choisir les postes de responsabilité

Une des premières décisions à pendre en planifiant une conférence Modèle ONU est la suivante : Quels seront les postes de responsabilité et comment seront-ils attribués ? Une simulation correcte doit considérer la structure de responsabilités des entités de l'ONU.

Ce guide traite de l'AG, du C de S et du Secrétariat de l'ONU. Une liste d'autres postes de responsabilité dans la famille des Nations Unies est présentée dans les annexes. Dans une certaine mesure, le nombre de postes de responsabilité dépendra de la taille de la conférence. Ceci étant posé, les postes suivants sont recommandés pour les simulations de l'AG :

Postes de responsabilité à l'AG

PRESIDENT DE L'AG

Le Président de l'AG est le gardien du Règlement intérieur de l'AG. Toutefois, il ne participe pas au processus réel de décision de l'AG. Il ouvre et ferme chaque séance plénière de l'AG, décide sur les motions d'ordre, et préside les discussions dans les séances plénières. De plus, le Président organise les débats thématiques et joue un rôle important pour renforcer la visibilité publique de l'AG.

VICE-PRESIDENTS DE L'AG

Lorsque le Président est absent, un vice-président remplit le rôle de Président par intérim. Le Président par intérim a les mêmes pouvoirs et responsabilités que le Président et reste sous l'autorité de l'AG. Un Président par intérim ne vote pas. Si besoin est, il désigne un membre de sa délégation pour voter à sa place.

Le Président confie souvent aux vice-présidents la tâche de faciliter des négociations complexes. Les vice-présidents conduisent alors des consultations. Ils président aussi des réunions officieuses de la Plénière avec les ambassadeurs et les experts. Si l'AG élit 21 vice-présidents, leur nombre peut être adapté à la taille de la simulation.

PRESIDENT D'UNE GRANDE COMMISSION DE L'AG

Le Président d'une commission déclare l'ouverture et la clôture des réunions. Durant ces réunions, le Président :

- Conduit les discussions

- Assure le respect du règlement intérieur

- Accorde le droit de prendre la parole
- Enonce les questions
- Annonce les décisions

Le Président a le contrôle total des travaux de chaque réunion. Il a aussi la responsabilité de maintenir l'ordre à tout moment. Parce qu'il représente la commission dans son ensemble, le Président ne peut représenter une délégation participante.

Les présidents sont censés ne plus agir comme membres de leurs délégations nationales lorsqu'ils agissent en tant présidents et ils ne votent pas. S'ils sont chefs d'une délégation, un autre membre de cette délégation doit alors remplir leurs fonctions, prendre la parole et voter pour la délégation. Le Président doit agir impartialement au nom de la commission dans son ensemble. Il ne doit pas chercher à promouvoir des vues nationales ou personnelles.

Il y a six présidents au maximum. Leur nombre dépendra du nombre de grandes commissions incluses dans la Simulation.

VICE-PRESIDENTS

Si un président n'est pas disponible pour une réunion ou une partie de réunion, un vice-président prend sa place. Lorsqu'il agit comme président, le vice-président a les mêmes pouvoirs et responsabilités que le président. Alors que l'AG élit 18 vice-présidents, trois par commission, ce nombre peut être adapté à la taille de la simulation.

RAPPORTEUR

Si le Secrétariat de l'ONU prépare les rapports, le Rapporteur a la responsabilité de revoir le rapport du Secrétaire sur les travaux d'une commission à la fin de chaque session de l'AG. Le Rapporteur présente aussi le rapport du Secrétaire à la Plénière de clôture. Comme le président et le vice-président, le Rapporteur est élu, et siège au podium à côté du président.

Il y a six rapporteurs au maximum. Leur nombre dépendra du nombre de grandes commissions incluses dans la simulation.

Postes de responsables du secrétariat de l'ONU à inclure dans les simulations de l'AG

SECRETAIRE GENERAL (SG)

A la fois diplomate et avocat, fonctionnaire et PDG, le Secrétaire général (SG) est le symbole des idéaux de l'ONU. Il est aussi le représentant des intérêts des peuples du monde, en particulier des pauvres et des vulnérables. L'AG nomme le Secrétaire général sur la base d'une recommandation du Conseil de sécurité.

La Charte de l'ONU décrit le Secrétaire général comme le « plus haut fonctionnaire de l'Organisation », qui doit agir en cette capacité et « remplit toutes autres fonctions dont il est chargé » par le C de S, l'AG et l'ECOSOC et d'autres organes de l'ONU. La Charte le charge aussi « d'attirer l'attention du C de S sur toute affaire qui, à son avis, pourrait mettre en danger la paix et la sécurité internationales. » Ces principes directeurs définissent à la fois les pouvoirs de la fonction et lui donne un champ d'action considérable. Le Secrétaire général faillirait s'il ne prenait pas soigneusement en considération les préoccupations des Etats Membres. Cependant le SG doit être le garant des valeurs et de l'autorité morale de l'ONU. Il doit aussi parler et agir pour la paix – même au risque de défier ou d'être en désaccord avec les Etats Membres.

Le travail du SG au quotidien inclut :

- La participation aux réunions des organes des Nations Unies

- Des consultations avec les dirigeants mondiaux, les représentants officiels des Etats et ceux de la société civile.

- Des visites dans les Etats et territoires pour lui permettre de rester en phase avec les questions confrontant les peuples, internationalement ou localement.

- Préparer un rapport sur le travail de l'ONU, sur ses activités et les axes de ses priorités futures.

Le Secrétaire général préside aussi le Conseil des chefs de secrétariat des organismes des Nations Unies pour la coordination (CCS), qui réunit tous les fonds, programmes et institutions spécialisées de l'ONU pour coordonner l'action. L'un des rôles les plus vitaux joué par le SG est l'usage des « bons offices », c.à.d. les initiatives publiques et privées prises pour prévenir les conflits internationaux, et leur escalade et extension.

Chaque Etat Membre s'engage à respecter le caractère international des responsabilités du SG et de son Personnel. Ils s'engagent aussi à s'abstenir d'influencer le SG et son Personnel dans l'accomplissement de leurs responsabilités.

Le Vice-Secrétaire général (DSG)

L'AG a établi le poste de DSG pour aider à gérer les opérations du Secrétariat et pour assurer la cohérence des activités et programmes. Le poste a été aussi établi pour renforcer la présence et le rôle directeur de l'Organisation dans les sphères économiques et sociales.

Les principales attributions du DSG sont d'assister le SG dans ses fonctions. Ses tâches sont, entre autres, les suivantes :

- Assister le SG dans la gestion des opérations du Secrétariat.

- Aider le SG à assurer que les diverses activités et programmes sont en lien avec son rôle du SG visant à renforcer la présence et le rôle directeur de l'ONU.

- Représenter le SG à des conférences, pour des fonctions officielles et en d'autres occasions, lorsque le SG le souhaite
- Agir pour le SG en son absence

LES SECRETAIRES GENERAUX ADJOINTS (USG)

Alors qu'il y a de nombreux USG et autres fonctionnaires de haut rang dans la même position, ceux qui figurent ci-dessous devraient être inclus dans un Modèle ONU, selon les questions débattues.

USG AUX AFFAIRES POLITIQUES ET A LA CONSOLIDATION DE LA PAIX

Le Secrétaire général adjoint aux affaires politiques et à la consolidation de la paix est à la tête du Département du même nom (DPPA). Le DPPA œuvre à la prévention et au règlement des conflits et à l'édification d'une paix durable dans le monde.

Le Département travaille essentiellement dans cinq secteurs de la paix et de la sécurité internationales :

- Fournir des analyses correctes et des alertes avancées
- Prévenir les conflits et s'engager dans l'édification de la paix
- Gérer les crises politiques et les conflits violents
- Encourager la paix
- Renforcer les partenariats

Le Bureau d'appui pour la consolidation de la paix (BACP), au sein du DPPA, apporte un soutien international aux efforts nationaux, dans leur essence et leur conduite, de consolidation de la paix.

Le Département coordonne aussi les activités d'assistance électorale de l'ONU et fournit l'appui du personnel au C de S et aux deux Comités permanents établis par l'AG.

USG AUX AFFAIRES ECONOMIQUES ET SOCIALES

Le Département des affaires économiques et sociales (DAES) fournit des conseils et un appui au Secrétaire général s'agissant des questions économiques et sociales, ainsi qu'aux commissions concernées de l'AG et à l'ECOSOC.

DAES contribue à :

- Etablir un cadre coordonné pour promouvoir et suivre la mise en œuvre des plans, stratégies, programmes ou plateformes d'action agréés
- Appuyer les fonctions de coordination des organes intergouvernementaux centraux et aider le SG dans le renforcement de la cohérence des politiques

- Suivre, analyser et évaluer les politiques et les tendances économiques et sociales, y compris en matière de population et leurs liens avec le développement

- Recueillir et diffuser des données analytiques, des statistiques et des indicateurs économiques et sociaux

- Fournir au SG des conseils et une assistance pour promouvoir les droits de l'homme, spécialement des femmes, pour atteindre les objectifs définis dans le plan stratégique d'action pour améliorer la condition des femmes au Secrétariat de l'ONU

- Offrir des services de conseil politique aux pays en développement et aux pays en transition pour renforcer leurs capacités nationales

- Promouvoir le partage de l'expertise en matière de développement, et le dialogue avec les ONG et les groupes importants dans la société civile

Le Secrétaire général adjoint aux affaires économiques et sociales est responsable de la gestion d'ensemble, de la supervision et de l'administration du DAES. Il fournit de l'information sur les questions économiques et sociales au SG. Il représente aussi le SG aux réunions qui traitent de questions suivies par le DAES et préside le Comité exécutif des affaires économiques et sociales.

Usg Charge Du Departement De L'assemblee Generale Et De La Gestion Des Conferences

La principale fonction du Département de l'Assemblée générale et de la gestion des conférences est d'assurer l'efficacité et la performance des activités intergouvernementales et de fournir des services techniques de secrétariat à l'AG et à ses commissions. Le Département a aussi pour mission de :

- Faciliter la tenue des conférences et des réunions ad hoc, sous les auspices de l'ONU et de fournir les services de documentation nécessaires

- Planifier et organiser les sessions ordinaires, extraordinaires, et extraordinaires d'urgence de l'AG

- Coordonner les activités et la fourniture de services pour les sessions de l'AG

- Assister le Président de l'AG pour toutes les questions relatives à la session et au travail de l'AG, du Bureau et des grandes commissions

- Préparer des documents législatifs, y compris les rapports du Bureau de l'AG

Le Secrétaire général adjoint est responsable pour toutes les activités du Département, c.à.d. au Siège à New York et dans les Offices à Genève, Vienne et Nairobi. Ceci inclut l'établissement des politiques, pratiques, normes et procédures de gestion des conférences. Il préside aussi la Réunion inter-organisations concernant les services linguistiques, la documentation et les publications.

Secretaire-General Adjoint A La Communication Globale

Le Département pour la communication globale a de multiples fonctions dont :

- Renforcer la connaissance globale des préoccupations et activités de l'ONU et promouvoir la compréhension de son travail

- Faire passer les messages de l'Organisation par des programmes de sensibilisation, des campagnes d'information, des services d'information et des publications et documentaires, des programmes de radio et de télévision, des communiqués de presse, des vidéos, et des événements spéciaux

- Mener les campagnes internationales de l'ONU

- Engager des personnalités éminentes comme Messagers de l'ONU

- Organiser des expositions, concerts, séminaires et d'autres événements pour marquer les occasions d'importance mondiale

- Fournir des services de bibliothèque et de partage des connaissances

Outre son Personnel basé à New York et à Genève, le Département a 63 centres d'information (CINU) dans le monde, ainsi qu'un Centre régional d'information (UNRIC) à Bruxelles.

Le Département se compose de trois divisions. Sa Division de la communication stratégique élabore des stratégies et des campagnes de communication pour promouvoir les priorités de l'ONU. La Division de l'information et des Médias produit et distribue les actualités de l'ONU et de l'information aux médias, y compris les points de presse quotidiens. La Division de la sensibilisation du public publie des livres, notamment « *The Essential UN* » , *L'ABC des Nations Unies*, et des périodiques comme *La Chronique de l'ONU* et *Afrique Renouveau* ; travaille avec les ONG et les Institutions éducatives ; organise des événements spéciaux et des expositions sur les questions prioritaires ; offre un programme de formation annuel aux journalistes des pays en développement ; et développe des partenariats avec les secteurs privé et public pour faire progresser les objectifs de l'ONU.

Secretaires Des Grandes Commissions

Ils sont six au maximum. Leur nombre dépendra du nombre de grandes commissions incluses dans la simulation. Ces postes sont souvent non utilisés dans les conférences Modèle ONU, alors qu'ils sont essentiels au fonctionnement de l'Organisation.

Postes de responsabilité au C de S

Le poste principal au C de S est celui de Président. La Présidence du Conseil revient à tour de rôle, pendant un mois, aux membres selon l'ordre alphabétique anglais. Le Président préside les réunions et représente le Conseil en tant qu'organe de l'ONU.

Séléctionner les candidats aux postes de responsables

Les responsables de l'AG et le bureau des grandes commissions sont élus à l'avance.

COMMENT CELA SE PASSE A L'ONU

Le Président de l'AG est élu à la simple majorité des voix à l'AG, au moins trois mois avant sa prise de fonctions. La Présidence tourne habituellement entre les cinq groupes régionaux (Afrique, Amérique latine et Caraïbes, Asie-Pacifique, Europe occidentale et autres, et Europe orientale). Les Etats Membres d'un groupe régional choisissent un candidat et présentent une candidature unique.

Les grandes commissions élisent normalement leurs présidents et autres responsables le jour de l'élection du Président de l'AG. Aucun Etat Membre ne peut servir à la fois comme vice-président et président d'une grande commission durant la même session de l'AG. Les présidences des grandes commissions font habituellement l'objet d'une rotation entre les cinq groupes régionaux. Chaque groupe régional dispose d'une présidence. Les trois vice-présidences et le poste de rapporteur reviennent aux quatre groupes qui n'ont pas la présidence. Chaque groupe régional se met d'accord sur des candidats uniques, ce qui permet une élection par acclamation. Comme les candidatures uniques ne sont pas toujours prêtes à temps, l'élection de certains membres des bureaux peut être repoussée jusqu'à la première réunion officielle des commissions respectives.

COMMENT LE FAIRE A UNE CONFERENCE MODELE ONU

Les Conférences Modèle ONU qui ont des Etats Membres appartenant aux cinq groupes régionaux peuvent aisément reproduire le processus suivi à l'ONU, de la façon suivante:

- Demander aux participants intéressés à avoir un poste de responsable de l'AG (c.à.d. Président de l'AG, Vice-président, Président de Commission, et Rapporteur) de présenter une candidature décrivant leur expérience comme participant à une conférence Modèle ONU. Leur demander aussi d'écrire un essai expliquant pourquoi ils veulent occuper un tel poste.

- Convoquer un Comité d'organisation pour étudier les candidatures. Si vous voulez reproduire le processus utilisé à l'ONU, choisissez un candidat pour représenter un groupe régional pour chaque poste, qui corresponde au groupe régional choisi pour ces postes à la dernière session de l'AG. Par exemple, si le Président de l'AG est de l'Europe orientale, choisissez un candidat de ce groupe pour la conférence. Faites de même avec les autres postes. Si vous voulez avoir des candidatures uniques à la Plénière d'ouverture, alors les délégations éliront les candidats choisis par acclamation.

Si vous voulez avoir une liste avec différents candidats, convoquez un Comité d'organisation pour revoir les candidatures et recommandez alors deux candidats pour chaque position. Ces candidats doivent représenter les mêmes groupes régionaux que ceux qui occupent ces positions à l'ONU. Mettez en ligne l'expérience de chaque candidat à Modèle ONU avec son essai et procédez à une élection en ligne avant que la conférence ne se réunisse. L'élection des responsables au début d'une Plénière d'ouverture de l'AG est habituellement une formalité, dans la mesure où elle a fait l'objet d'un accord bien antérieur. Un débat ou une quelconque manifestation de désaccord sur la sélection des responsables serait hautement néfaste pour la conférence. Ainsi, une gestion prudente ne permettra aucune discussion.

Quelque soit la façon dont vous décidez de sélectionner les responsables de l'AG, il est important de montrer que les candidats sont choisis de façon à assurer une direction diversifiée géographiquement.

- Chaque grande commission de l'AG doit avoir au moins un président et un rapporteur. Cependant, le nombre de vice-présidents peut varier en fonction de la taille de la conférence.

- Nous recommandons d'utiliser le même processus pour sélectionner le Secrétaire général de la Conférence. Demandez en premier lieu aux participants qui sont intéressés par le poste de SG de présenter une candidature décrivant leur expérience comme participant à une conférence Modèle ONU. Leur demander aussi d'écrire un essai expliquant pourquoi ils veulent être le SG de la Conférence. Convoquez alors un Comité d'organisation pour revoir les candidatures et recommandez alors un candidat à l'AG, pour qu'elle le nomme à sa première réunion Plénière. Comme il n'y a qu'un candidat proposé, le SG est nommé par acclamation. Une fois le SG nommé, il faut pourvoir les autres positions de responsables au sein du Secrétariat. Il faut recourir à un processus de candidatures pour ces positions, pour assurer que chacun ait une chance égale de faire partie des responsables de la conférence. Les nominations doivent assurer une répartition équilibrée par sexe et géographiquement.

- La structure de responsabilité de la simulation (c.à.d. les responsables de l'AG et du Secrétariat de la conférence) doit être choisie parmi l'ensemble des participants à la conférence.

Supervision de la conférence – eléments à considérer

Organiser une conférence Modèle ONU nécessite beaucoup de planification sur une longue période de temps. Il faut penser soigneusement à de nombreux détails, dont le choix du lieu, l'installation des salles, l'inscription et les activités sociales. Outre la structure de responsabilité de la simulation d'entités onusiennes comme l'AG ou le C de S, organiser une conférence nécessite souvent une structure de gestion séparée pour s'occuper de tous les détails de la conférence.

Si la conférence est suffisamment importante, alors nous recommandons d'avoir un groupe de responsables pour superviser toute la conférence, et un autre pour s'occuper de la simulation. Quand c'est possible la structure responsable de la conférence doit inclure un Président qui gère toute la conférence en étroite consultation avec un Comité d'organisation ou une série de comités. Ces comités doivent être composés d'étudiants qui participent à la prise de décision sur les questions en discussion, le financement et le budget, la recherche de fonds et les partenariats, la logistique de la conférence (par exemple le choix du lieu, la conduite des inscriptions) et les stratégies de communication pour promouvoir la conférence. Voici un exemple de ce que peut être cette structure :

Le Comité exécutif

Dirigé par un président, qui supervise les travaux des comités suivants (à ne pas confondre avec les grandes commissions qui font partie de la simulation) :

- Comité du programme
- Comité de l'information
- Comité logistique
- Comité pour la recherche de fonds et les partenariats
- Comité du financement et du budget

Même si le Président a la responsabilité première de la gestion de la conférence, d'autres acteurs partagent cette responsabilité. Le Président doit alors consulter les responsables de la simulation, une fois qu'ils ont été élus ou nommés. Certaines des responsabilités des comités peuvent être même prises en charge par les responsables de la simulation quand ils ont été choisis. Par exemple le Secrétaire général adjoint chargé du Département de l'Assemblée générale et de la gestion des conférences peut superviser la logistique de la conférence. De même, le Secrétaire général adjoint à la communication globale peut contribuer à déterminer la stratégie de communication.

Rôles et responsabilités des responsables élus

Le Président de l'AG, les Vice-présidents et les Présidents des commissions forment collectivement le Bureau. Le rôle et les responsabilités du Bureau comportent :

- La discussion de l'ordre du jour, qui a été préparé par le Secrétariat de l'ONU

- La préparation de recommandations pour l'AG pour l'inscription de points à l'ordre du jour et leur répartition entre les grandes commissions.

- La préparation de recommandations sur les questions d'organisation et d'autres questions comme la conduite des réunions, les comptes-rendus des réunions et la documentation.

Le Bureau ne fait pas de déclarations concernant les questions politiques.

Le Bureau travaille normalement par consensus. S'il recourt au vote, la majorité simple s'applique. A sa première réunion, le Bureau discute du projet d'ordre du jour et de l'organisation de la session et il présente immédiatement son rapport à la Plénière de l'AG. Le rapport contient des recommandations sur l'inclusion et la répartition des questions à l'ordre du jour et sur l'organisation du travail de la session.

Chaque point de l'ordre du jour est alloué à une grande commission ou à la Plénière. Il n'y a pas de règles déterminées. Cette répartition des questions se fait toutefois selon des pratiques bien établies et les points ne changent presque jamais de commission. L'allocation des nouveaux points est décidée au cas par cas. Occasionnellement, un point est alloué à plus d'une commission ou à une commission et à la Plénière. Dans ce cas, le Bureau recommande en détail quel aspect d'un point doit être examiné par tel organe.

Le Bureau suggère aussi des délais pour les travaux des grandes commissions, recommande des limites de temps volontaires pour les déclarations des Etats Membres, et fait des suggestions sur d'autres questions d'organisation, basées sur les résolutions pour la revitalisation de l'AG.

De nombreuses simulations Modèle ONU n'ont pas de bureau ou de fonctionnaires de l'AG. Ceci peut donner une fausse image de la structure de pouvoir à l'ONU. Même si les rôles et tâches des responsables de l'AG et du Bureau peuvent être assumés par le Secrétariat de Modèle ONU, cela ne reflète pas la structure appropriée de pouvoir, qui place l'AG au centre du Système de l'ONU et le Secrétariat dans un rôle d'appui. Toute simulation doit inclure les principaux responsables de l'AG dans la structure de responsabilité de la Conférence pour éviter de mettre l'accent sur le rôle du SG et du Secrétariat de l'ONU.

Les Bureaux des Commissions

Les responsables élus d'une grande commission (président, vice-président et rapporteur) sont collectivement dénommés « Le Bureau ». Le Bureau sert à assister le Président avec les aspects importants de la gestion des travaux de la Commission. Ceci comprend la préparation du Programme de travail de la Commission, le rapport sur le travail de la Commission à la Plénière de l'AG et le choix de facilitateurs pour aider la Commission à atteindre un consensus.

Le rôle du Bureau dans le processus de négociation est une part critique de son travail, qui est souvent laissée de côté lors des conférences Modèle ONU.

En définissant les fonctions du Bureau, il est important de garder tout le temps en mémoire que le Bureau ne dit pas à la Commission ce qu'elle doit faire. En fait, il recommande un plan d'action. Même si la commission suit généralement les recommandations du Bureau, elle a toujours le droit de questionner, de changer et même de mettre au vote ces recommandations. Inclure cet élément dans la simulation peut être une expérience gratifiante qui donne une meilleure compréhension de la façon dont l'ONU travaille.

LA PREPARATION DES REPRESENTANTS

Rassembler l'information

La première chose devrait être de lire la Charte de l'ONU.

De ce fait, voici quatre secteurs importants de recherche pour la préparation des délégations à une conférence :

1. Le système de l'ONU. Les délégations devraient connaître les six principaux organes de l'ONU, ainsi que la famille des Nations Unies et leurs liens avec l'AG (voir ci-dessus dans ce guide, le chapitre sur « Les Nations Unies en bref »). L'Histoire, la culture et la structure politique et la vie politique contemporaine des pays qui participent à une simulation. Outre les ressources portant sur ces questions, il peut être utile pour une délégation de lire des ouvrages, de fiction ou non (par exemple des biographies) écrits par des auteurs vivant dans le pays qui lui a été assigné. Ils peuvent fournir des informations sur la culture du pays qu'une délégation va représenter.

2. Les positions du gouvernement sur les questions qui seront examinées à une conférence Modèle ONU. Pour représenter de façon adéquate un pays à une conférence, une délégation devra interagir avec les délégations d'autres pays. Connaître leurs points de vue et les politiques de « leur pays », de même que des autres pays représentés, aidera les délégations à prévoir ce qui sera dit pendant la phase du débat de la conférence. Ce sera très utile pour aider les délégations à identifier les pays qui seront d'accord avec leur position et ceux qui y seront opposés. Cela les aidera à décider d'avance auprès de qui il peuvent rechercher une coopération ou un compromis.

3. Les positions des grands groupes politiques, tels que le Groupe des 77 et de la Chine, le Mouvement des Non-Alignés, l'Union européenne, l'Union africaine, etc...sont également importantes car de nombreuses négociations à l'ONU se déroulent entre ces groupes.

4. Statistiques du moment sur les pays et les questions choisies.

Conseils pour la recherche

En préparant la conférence, il est utile pour les délégations de diviser la recherche en quatre catégories :

1. La recherche générale sur la question choisie. Les délégations doivent être familières avec les questions examinées.

2. La recherche générale sur les caractéristiques et la culture du pays assigné.

3. La recherche sur les politiques de « leur » pays sur les questions examinées.

4. La recherche sur les politiques des autres pays représentés à la conférence, pour pouvoir anticiper les arguments à donner aux autres délégations.

Rechercher les politiques d'un pays sur une question donnée

Les délégations doivent consulter les livres et les sites qui donnent une vue générale de la question, ainsi que de l'information sur certains de ses aspects plus spécifiques. Il est important d'avoir une idée de la complexité d'un sujet et de comprendre comment ses différents aspects peuvent être examinés durant la conférence. En utilisant Internet pour leur recherche, les délégations doivent faire attention à bien choisir leurs sources. La documentation disponible est probablement beaucoup plus importante que ce qu'elles peuvent absorber dans le temps de la préparation de la conférence.

Il est aussi important de se rappeler que les ressources en ligne doivent être sélectionnées avec soin. Les sites Internet ne sont pas tous des sources fiables et de nombreuses sources peuvent être tendancieuses. Dans la mesure du possible, les délégations doivent essayer d'obtenir une confirmation indépendante de l'information obtenue.

De plus, en collectant l'information, il est important de distinguer entre les opinions et les faits. Les faits sont utilisés pour étayer les opinions. Quand c'est possible, les délégations doivent utiliser des faits pour appuyer leurs arguments. Parfois, cependant, il y a des cas où les données sur les faits ne sont pas disponibles. Finalement, une délégation doit présenter une opinion et la défendre contre d'autres opinions. En conséquence, il est crucial que les délégations soient familières avec différents points de vue et opinions sur les questions assignées. Les délégations doivent étudier des arguments différents de ceux de leur pays sur une question. Ils doivent analyser les faits utilisés pour étayer ces autres arguments. Parfois, les mêmes faits sont utilisés pour appuyer deux positions différentes sur une question. Les délégations doivent choisir sur quels points insister dans leurs arguments et cette décision doit être guidée par les politiques de leur pays sur la question examinée.

Lors de la recherche d'informations sur Internet, il est toujours utile d'avoir recours à différents critères de recherche. Cela conduit parfois à des sources additionnelles d'information, qui n'auraient pas pu être trouvées avec un mot clé trop étroit.

Voici quelques ressources courantes en ligne qui peuvent aider au départ les délégations :

1. <u>Les Missions permanentes auprès de l'ONU</u> - De nombreuses Missions postent des déclarations et d'autres informations sur leurs positions concernant les questions importantes.

2. <u>Les Ministères des affaires étrangères</u> – Les sites des Ministères des affaires étrangères présentent souvent des informations sur les politiques gouvernementales auxquelles ils font partie.

3. <u>La Bibliothèque numérique de l'ONU</u> - La Bibliothèque fournit les résultats des votes de toutes les résolutions de l'AG adoptées depuis 1946, ainsi qu'un index des déclarations. Cette base de données permet aux utilisateurs de rechercher toutes les déclarations faites par un pays sur une question donnée.

4. <u>« Les Etats Membres de l'ONU au fil des sessions »</u> - Ce site officiel de l'ONU fournit des informations sur l'appartenance de chaque Etat Membre à l'Organisation. Il comporte aussi un index des déclarations de chaque Etat à l'AG, au C de S et à l'ECOSOC ; les projets de résolution que les Etats ont présentés ou appuyés ; et les rapports périodiques les concernant pour les Conventions des droits de l'homme auxquelles ils font partie.

5. <u>« Les questions thématiques »</u> de l'ONU : Cette ressource officielle de l'Organisation donne un aperçu général de chaque question à l'ordre du jour de l'Organisation, ainsi que des liens utiles à d'autres entités connexes de l'ONU et à des ONG, à des sommets et conférences passées et aux documents importants, sur chaque question. Les ONG sont une bonne source d'information qui ne doit pas être oubliée. Outre une variété de services et de fonctions humanitaires, la sensibilisation des gouvernements aux préoccupations des citoyens, le suivi des politiques et l'encouragement de la participation politique à l'échelon communautaire, elles fournissent des analyses sur différentes questions, servent de mécanisme d'alerte avancée et aident au suivi et à l'application des accords internationaux. Certaines sont organisées autour de questions spécifiques, telles que les droits de l'homme, l'environnement ou la santé. L'ONU travaille avec des milliers d'ONG dans le monde : environ 4,000 d'entre elles ont une association officielle avec l'ONU, par le biais du Département de la Communication globale et de l'ECOSOC. Pour plus d'information, voir *www.un.org/fr/sections/resources-different-audiences/civil-society/*.

Principes pour établir un Document de position

Introduction

Le document de position est une description brève et concise de la position et des priorités d'un Etat, une organisation internationale ou une ONG pour une commission donnée. Cette présentation permet aux délégations de planifier avant la réunion, leur manière de procéder, en prenant en considération les positions de chaque pays sur une question devant être examinée à la conférence. Une fois cette présentation terminée, elle doit être partagée avec la présidence de la Commission, pour lui permettre de donner aux délégations des informations utiles sur les réactions aux présentations de leurs positions avant la conférence.

Contenu

Le document de position sur une question donnée doit fournir les éléments suivants :

- Une phrase générale présentant clairement dès le début la position du pays

- Une déclaration politique succincte pour chaque question représentant les vues du pays

- Un développement de la position qui inclut un ou plusieurs de ces éléments : citations de la Charte ; accords dont l'Etat fait partie ou résolutions qu'il appuie ; citations de déclarations faites par le Chef d'Etat ou de gouvernement, ministres, membres de délégations ou de tout autre document pertinent dont, entre autres :

    - Des rapports du SG sur la question

    - Des recommandations d'actions pour la commission

    - Une conclusion reprenant la position du pays sur la question.

Des statistiques, citations et informations pertinentes de différentes sources doivent être mentionnées dans un format accepté.

Ne PAS utiliser la première personne dans un document de position. Utilisez simplement le nom de la délégation ou alternativement des expressions comme « notre gouvernement », « notre pays », « notre nation ». Des présentations s'apparentant à de longs essais reprenant l'histoire d'une nation ou de l'information de base sur la question ne sont pas utiles. Une vue générale simple et concise est meilleure.

Chapitre 4

COMMENT ORGANISER ETAPE PAR ETAPE UNE CONFERENCE MODELE ONU

LE SECRETAIRE GENERAL ANTONIO GUTERRES AVEC DEUX PARTICIPANTS A UN MODELE ONU.
PHOTO ONU/MARK GARTEN

AVANT LA CONFERENCE

Etape 1 : Décider de la structure directrice de la Conférence

Ceci suppose de choisir un Président pour conduire l'équipe qui organisera la conférence. Cela suppose aussi d'établir un Comité directeur, ou un groupe de comités, qui commenceront à travailler sur les questions qui seront examinées, de même que sur les questions d'organisation, jusqu'à ce que les responsables de la conférence soient choisis. Voici les comités qui pourraient être établis :

- Comité exécutif, avec un Président à sa tête, qui supervise le travail du ou des comité(s) directeur(s). Le comité exécutif prend des décisions élémentaires sur la durée de la conférence et le règlement intérieur. Il décide aussi du nombre de jours alloués aux activités de la pré-conférence, de même que ceux alloués à la simulation.

- Comité du programme, qui recommande quelles grandes commissions de l'AG feront l'objet de la simulation. Le Comité décide aussi du nombre de questions examinées dans chaque commission, et prépare un Programme de travail pour la Conférence.

- Comité chargé de l'information, qui élabore une stratégie de communication.

- Comité logistique, qui propose le lieu de la conférence, et s'occupe du logement et du transport des participants. Il propose aussi des événements sociaux et gère aussi le processus d'inscription.

- Comité pour la recherche de fonds et les partenariats, qui recherche des appuis financiers du secteur privé et autres, comme les fondations.

- Comité du financement et du budget, qui détermine combien le Modèle ONU va coûter du début à la fin. Il gère aussi le budget.

Etape 2 : Décider des positions directrices nécessaires

Le nombre de responsables dépend en partie de la taille de la conférence. Nous recommandons ceci :

Assemblée Générale

- Président

- Vice-présidents (ceci va dépendre de la taille de la conférence, mais il serait bon d'avoir au moins un vice-président venant de chaque groupe régional)

- Un président par Commission

- Vice-présidents de commission (jusqu'à trois par commission, dépendant de la taille de la conférence)

- Rapporteur (un par commission)

Secrétariat

- Secrétaire général

- Vice-Secrétaire général (facultatif, selon la taille de la conférence)

- USG aux affaires politiques et à la consolidation de la paix (cette position est particulièrement importante pour les simulations du Conseil de sécurité)

- USG aux affaires économiques et sociales (cette position est très importante pour le travail de la deuxième Commission (économique et financière) et de la troisième Commission (sociale, humanitaire et culturelle) car il fait des présentations sur les questions de fond, telles que le développement durable et les droits de l'homme)

- USG chargé du Département de l'Assemblée générale et de la gestion des conférences (cette position est critique pour le succès de la conférence car il supervise chaque aspect logistique de la conférence. Ceci couvre l'installation des salles, la préparation des pancartes pour les délégations, la supervision des inscriptions et la recherche de logements pour les participants. Son travail comporte aussi la diffusion des projets de résolutions)

- USG à la communication globale (il aide à renforcer la visibilité de la conférence en travaillant avec les médias pour couvrir la conférence et réaliser des interviews. Il publie aussi des communiqués de presse, des documents pour la conférence et publie une lettre d'information (qui constitue une mise à jour sur les travaux de la conférence pour les délégations)

- Secrétaire (un par commission. Le secrétaire conseille le Président sur les questions de procédure. Il lui fournit aussi les Notes du Président (scripts sur ce qu'il doit dire à chaque réunion)

D'autres positions peuvent être ajoutées, selon le contenu de la conférence.

Etape 3 : Promouvoir la conférence et établir un processus d'inscription

Pensez à promouvoir votre Modèle ONU sur le site de votre école ou d'un club ou sur les réseaux sociaux. Si vous créez un site, n'oubliez pas de donner la date et l'heure de la première réunion, le lieu et les liens pour l'inscription en ligne. Vous pouvez aussi utiliser les réseaux sociaux pour générer de l'intérêt pour votre simulation. Finalement, dans la plupart des écoles et universités, vous pouvez demander à un département, habituellement celui d'histoire, droit ou science politique, d'envoyer votre information avec les courriels qu'ils adressent régulièrement aux étudiants. Ceci permet de faire passer l'information à tout étudiant concerné par le champ d'étude, qui peut être intéressé à participer à un Modèle ONU.

Vous pouvez également placer des posters ou autres informations sur les tableaux d'affichage et dans les classes et demander que des nouvelles de votre Modèle ONU soient données sur les annonces quotidiennes ou hebdomadaires de l'école.

Etape 4 : Sélectionner et préparer les responsables

La sélection des responsables doit se faire de manière équitable et transparente. Ceci assure que les responsables représentent autant que possible les groupes régionaux et qu'il y ait un équilibre entre les sexes.

Une fois que les responsables de l'AG et du Secrétariat sont choisis et sélectionnés, il convient de leur donner une formation pour les familiariser avec le règlement intérieur ainsi que leurs rôles et responsabilités.

Etape 5 : Etablir un calendrier pour préparer et partager la documentation importante de l'AG et du Secrétariat

Ces documents doivent inclure :

- Le Mémoire du SG sur l'Organisation de la XXè session ordinaire (insérez le nom de la conférence Modèle ONU) de l'AG

- Version annotée de la liste préliminaire des questions à inscrire à l'ordre du jour provisoire de la XXè session ordinaire (insérez le nom de la conférence Modèle ONU) de l'AG

■ Rapport du Bureau

■ Les rapports du SG sur chaque point à l'examen. Ces rapports donne-ront aux délégations une vue générale de la question, les défis à re-lever, ce que l'ONU a fait jusqu'à présent et ce qui doit être encore fait

■ Les notes du Président, pour chaque commission. Ces documents doivent être préparés à l'avance pour guider un président sur ce qu'il doit dire à chaque étape des travaux de sa commission. Ces notes doivent aussi être établies objectivement de manière à prendre en compte toute situation susceptible de se présenter

■ Un guide pour les délégations, qui donne de l'information sur :

- L'organisation de la conférence

- Les questions examinées

- Des lignes directrices sur la rédaction et la présentation des do-cuments de position

- Ce qui se passera durant les réunions de la Plénière et des commissions

- Comment s'inscrire sur la liste des orateurs

- Les outils numériques permettant aux délégations de communiquer avant la conférence et les documents qu'ils doivent préparer

- Des détails importants concernant le Règlement intérieur et com-ment il peut différer des règles des conférences auxquelles les participants ont pu prendre part auparavant

- Une description de ce que signifie le consensus

- De l'information sur les groupes régionaux

- Une vue générale du processus de dépôt des résolutions et des amendements

- Une description de la politique de récompenses, et

- De l'information sur la sélection et le rôle des chefs de délégation

■ Le Programme de travail de chaque Commission, qui sera distribué avant le début de la première réunion

Étape 6 : Assigner des pays et des sujets aux participants à la Conférence

Cette étape cruciale nécessite d'être bien pensée. Dans de nombreuses conférences Modèle ONU, les écoles envoient des équipes de participants qui travaillent ensemble. Dans ce cas, un pays et une question sont assignés à une équipe de participants qui appartiennent à la même école.

■ LE SECRETAIRE GENERAL ANTONIO GUTERRES ACCUEILLANT UNE PARTICIPANTE A UN MODELE ONU.
PHOTO ONU/MARK GARTEN

Une autre façon d'organiser les délégations est de constituer des délégations avec des étudiants de différents lieux. En d'autres mots, aucune délégation n'a deux étudiants de la même école. Ceci nécessite plus de travail, mais est plus intéressant. Avoir des étudiants de différentes écoles travaillant ensemble pour représenter un même pays est très enrichissant.

En choisissant la composition d'une délégation, considérez les éléments suivants :

- L'appartenance géographique des représentants qui vont travailler ensemble

- L'équilibre par sexe de la délégation

- Le nombre de conférences Modèle ONU auxquelles les membres de la délégation ont participé

Constituez des délégations géographiquement variées et équilibrées en termes de sexe. Les délégations doivent aussi inclure des représentants ayant des expériences diverses de Modèle ONU. Ainsi, les représentants ayant plus d'expérience peuvent aider les moins expérimentés. Les plus expérimentés doivent conduire la délégation.

Fixer une date limite pour soumettre les documents de position aux présidents des commissions et vérifiez que les lignes directrices pour préparer ces documents soient disponibles pour tous les participants. Les présidents doivent revoir tous les documents et les renvoyer avec des commentaires à leurs auteurs avant la conférence.

Etape 7 : Créer un espace en ligne ou un site Internet où les représentants peuvent travailler ensemble avant la Conférence

Un espace en ligne ou un site permet aux délégations d'accéder à l'information sur la tenue de la conférence et la façon de s'inscrire. Il permet aussi aux représentants de communiquer entre eux.

Etape 8 : Echanger avec les futurs participants

Tenez des échanges vidéo ou autre avec des experts sur les questions à examiner et les aspects importants de la conférence, tels que la rédaction d'une résolution, le règlement intérieur, ou des discussions sur les possibilités pour les groupes régionaux ou politiques de présenter des résolutions dans chaque commission.

Etape 9 : Distribuer le Programme de la Conférence

Distribuez le programme de la conférence dès que possible avant la conférence.

Etape 10 : Réunir les responsables de Modèle ONU avant la Conférence

Réunissez les responsables de la conférence plusieurs jours avant la conférence et donner leur le temps d'en mener à bien les préparatifs. Ces préparatifs doivent porter, entre autres, sur la rédaction des déclarations, la création des notes pour les présidents et la préparation des locaux.

Etape 11 : Recruter des volontaires

Recrutez des volontaires pour apporter une aide pour divers éléments de la conférence et organisez une formation avant le début de la conférence. De plus, créez un manuel sur ce que doivent faire les volontaires.

Etape 12 : Organiser des ateliers

Prévoyez une ou deux journées avant la conférence pour organiser des ateliers sur les lieux de la conférence. (voir l'exemple de programme).

Exemple de programme pour un atelier Modèle ONU

(Lieu)

(Dates)

L'atelier est organisé par _______________. Il est conseillé aux étudiants et conseillers de Modèle ONU, responsables ou intéressés par l'organisation d'une conférence Modèle ONU.

L'objectif de cet atelier est de voir comment les simulations Modèle ONU peuvent mieux refléter le processus de décision en vigueur à l'ONU.

L'atelier donne aussi aux participants une information détaillée sur :

- La portée des travaux de l'AG et du C de S

- La structure de responsabilité correcte, nécessaire pour simuler la relation entre l'AG et le Secrétariat

- Les trois composantes du processus de décision : le débat général, les consultations officieuses, et la prise de décision, et la façon de présider les réunions durant chaque phase

- Le règlement intérieur utilisé à l'ONU et comment il diffère des règles utilisées dans d'autres programmes Modèle ONU

- Comment le processus de négociation à l'ONU a évolué avec un accent particulier sur la recherche du consensus et ce que cela signifie réellement

- Comment organiser des simulations des réunions de la Plénière et des commissions de l'AG et du C de S, pour favoriser l'appui au consensus sur toutes les questions examinées

- Le rôle des facilitateurs dans la recherche du consensus. L'examen, ligne par ligne, de chaque projet de résolution pour atteindre le consensus

- Comment créer un texte de compilation pour guider les consultations officieuses

- Rôle du Président de l'AG, du SG et du Président du C de S dans le processus de négociation

- Le rôle des groupes politiques

- Rédiger les résolutions de l'AG, les notes pour les réunions de la Plénière et des commissions, et les autres documents de l'AG

- Documents de position et affectation des pays

- Rédiger les résolutions du C de S et autres document finaux

De plus, l'atelier donne aux participants l'occasion de découvrir de façon pratique des concepts essentiels.

JOURNEE 1	
8h15 – 9h	Arrivée et inscription
9h – 9h30	Accueil et introductions
9h30 – 10h	Planter le décor : présentation d'ensemble des Ateliers
10h – 10h15	*PAUSE*
	Présentation générale du processus de décision à l'Assemblée générale
10h15 – 12h15	Présentation générale du processus de décision et du rôle du consensus
12h15 – 13h45	*DEJEUNER*
13h45 – 15h	Activité de recherche du consensus
15h - 15h15	*PAUSE*
15h15 – 16h15	Introduction au règlement intérieur et à l'utilisation des notes du Président pour guider les présidents dans la conduite des réunions
16h15 – 17h30	Organisation du travail et examen de ce qui se passe lorsque le consensus n'est pas atteint
17h30 – 18h	**SYNTHESE de la journée** Q & R

JOURNEE 2	
9h – 10h30	Le processus de négociation – comprendre la relation entre les réunions officieuses-officielles et les réunions officieuses-officieuses pour suivre le progrès des négociations et l'utilisation des facilitateurs pour appuyer la recherche du consensus
10h30 – 10h45	*PAUSE*
10h45 – 11h15	Rôle des blocs politiques dans le processus de négociation
11h15 – 12h15	La rédaction des résolutions de l'Assemblée générale
12h15 – 13h30	*DEJEUNER*
13h30 – 14h15	Exercice de rédaction des résolutions
14h15 – 15h30	Comment procéder à un examen ligne par ligne d'un projet de résolution
15h30 – 15h45	*PAUSE*
15h45 – 17h	La structure de responsabilité : comprendre la relation entre l'AG et le Secrétariat de l'ONU
17h – 18 h	**SYNTHESE de la journée** Q & R

JOURNEE 3	
	Accent sur la phase d'action
9h – 10h	Examen des documents nécessaires pour simuler les réunions de l'AG et la compréhension des symboles des documents
10h – 10h30	Assigner des pays et des questions
10h30 – 11h	Les ressources de l'ONU disponibles pour aider à la préparation de la conférence
11h – 11h15	*PAUSE*
11h15 – 11h30	Le Conseil de sécurité – vidéo
11h30 – 12h45	Vue d'ensemble du Conseil de sécurité et du rôle de son Président
12h45 – 14h	*DEJEUNER*
14h – 15h	Examen des similarités et des différences entre les règlements intérieurs et des processus de négociation de l'AG et du C de S
15h – 16h	Le rôle du Directeur et le processus de rédaction des résolutions au C de S
16h – 16h15	*PAUSE*
16h15 – 16h45	Examen des documents utilisés au C de S (éléments de presse, déclarations à la presse, déclarations du Président) et du rôle du consensus
16h45 – 17h15	Utiliser les procès-verbaux du C de S pour préparer les notes du Président
17h15 -18h	Synthèse de la 3è journée. Prochaines étapes et remarques de clôture

Les ateliers doivent inclure une formation sur le règlement intérieur et des exposés sur les questions intéressant les délégations. Les ateliers peuvent mettre l'accent sur les questions de fond liées à l'examen des points par la conférence. Les ateliers peuvent aussi porter sur des questions d'intérêt général, avec des informations sur le travail du Secrétariat, et les institutions spécialisées, fonds, programmes, instituts et entités des Nations Unies, de même que sur l'emploi à l'ONU.

PENDANT LA CONFERENCE

Réunion plénière de l'Assemblée générale

L'ordre des points de la première réunion Plénière de l'AG doit être le suivant :

1. Déclaration du Président de l'AG

2. Minute consacrée à la prière ou à la méditation

3. Déclaration du Secrétaire général

4. Organisation du travail, Rapport du Bureau, adoption de l'ordre du jour et répartition des points

5. Déclarations des chefs de délégation. Les délégations doivent demander à figurer sur la Liste des orateurs en envoyant un courriel au Secrétariat de Modèle ONU, avant la réunion Plénière. Le nombre de représentants qui peuvent prendre la parole dépend du temps disponible et du nombre de délégations. Si le temps est limité, la priorité doit être donnée aux responsables des groupes régionaux

Réunions des commissions

Etape 1

Faites en sorte que chaque commission ait un bureau, avec un président, un vice-président, un rapporteur et un secrétaire. Les seules personnes qui doivent siéger au podium à tout moment sont le président, le rapporteur, et le secrétaire. Si un expert est invité pour une session interactive avec la commission, il siège également au podium.

Etape 2

Au début de la première réunion d'une commission, le président doit présenter le programme de travail qui fournit le cadre pour les délibérations. Durant les réunions officielles, les délibérations sur chaque point de l'ordre du jour alloués à la commission sont divisées en deux : 1) une phase de débats et 2) une phase d'action. La phase de discussion correspond au temps durant lequel les délégations font des déclarations sur le point de l'ordre du jour. Les délégations doivent faire savoir au secrétaire de la commission leur souhait de figurer sur la liste des orateurs.

■ UNE ETUDIANTE DE MODELE ONU. PHOTO ONU/JEAN-MARC FERRE

L'ordre des orateurs suit l'ordre des inscriptions. Le Président décide si la liste des orateurs reste ouverte durant la réunion ou s'il y a une limite pour les inscriptions. Alors que la phase des discussions se déroule, les auteurs d'une résolution doivent s'activer dans les coulisses pour trouver des appuis et identifier les délégations qui veulent devenir co-auteurs. Cette recherche doit être conduite par le Secrétaire avant la conférence, pour déterminer quels délégations ou groupes régionaux ou politiques sont susceptibles d'être auteurs ou co-auteurs d'une résolution. Les blocs doivent travailler ensemble sur le projet de résolution avant de le soumettre.

Etape 3

Prévoyez du temps au début de la première réunion de la commission pour une session interactive avec un expert sur la question examinée. Si un expert n'est pas disponible, un des secrétaires généraux adjoints de Modèle ONU doit être disponible pour faire une présentation.

Etape 4

Prévoyez du temps chaque jour pour que le bureau de l'AG et les bureaux des commissions se réunissent pour examiner les progrès des travaux. Ils peuvent ainsi identifier les différences entre les positions sur les diverses questions, qui font qu'une résolution est adoptée par consensus ou non. De plus, donnez du temps aux chefs de délégations pour se réunir avec leurs délégations.

Etape 5

Assignez des facilitateurs (par exemple un vice-président de l'AG, un chef de délégation ou un représentant qui a des talents de négociateur) pour aider les délégations à atteindre le consensus quand c'est nécessaire.

Etape 6

Quand ils sont prêts, déposez les projets de résolution avec le secrétaire de la commission, pour que des copies puissent en être distribuées aux délégations. Quand les délégations ont eu assez de temps pour lire un projet, l'auteur principal peut le présenter durant une réunion officielle de la commission.

Etape 7

Une fois qu'un projet de résolution est déposé à la commission, organisez une réunion officielle pour le revoir ligne par ligne. Après chaque examen, circulez un « texte de synthèse » qui reflète le statut du processus de négociation. Parfois, un projet de résolution doit faire l'objet de plusieurs examens avant qu'un consensus ne soit atteint. Si le consensus est atteint durant le processus d'examen, le bureau doit être informé que le projet sera adopté par consensus. Cependant s'il est difficile d'atteindre un consensus, le président peut désigner un facilitateur pour aider à résoudre les questions restant en suspens. Durant les conférences Modèle ONU, les délégations doivent être conscientes des contraintes de temps lorsqu'elles négocient une résolution. Parfois, le consensus n'est pas possible, même avec l'assistance d'un facilitateur. Dans ce cas, la délégation qui veut demander un vote doit le notifier au secrétaire de la commission. En tout cas, il ne peut être souligné assez que le concept de consensus est central aux valeurs de l'ONU.

Etape 8

Si un consensus ne peut être atteint sur le texte, alors toute délégation qui n'est pas co-auteur et qui souhaite présenter un amendement peut le faire à la première réunion de la commission portant sur l'examen du texte du projet de résolution. De la même façon que le projet de résolution, un amendement doit être présenté à temps au secrétaire de la commission, pour qu'il soit distribué avant qu'un vote ne puisse prendre place. S'il y a plus d'un amendement, la décision est prise sur chaque amendement dans l'ordre où ils ont été reçus. Des amendements sont présentés par les Etats Membres si le consensus ne peut être atteint sur un projet de résolution. Dans certains cas, les délégations qui s'opposent à un projet de résolution ou d'amendement, présentent une motion d'ordre ou une motion d'ajournement du débat. Il s'agit d'une motion de non-action, car si une majorité d'Etats Membres présents vote en faveur de l'ajournement du débat, aucune action n'est prise sur la résolution ou l'amendement. Alors que le résultat est identique que s'il y avait eu un vote et que la résolution ou l'amendement avait été rejetés, la motion d'ajournement du débat peut permettre de limiter sérieusement la discussion sur un point avant que l'action ne soit prise.

Etape 9

Répétez ces étapes pour chaque résolution présentée. Considérez soigneusement combien de points doivent être alloués à chaque Commission. En raison des contraintes de temps, il est souhaitable de discuter une seule résolution avec soin plutôt que d'en examiner plusieurs. Réserver du temps pour davantage de réunions officieuses et de consultations constructives entre les délégations pour réconcilier les différents points de vue sur la façon dont un texte doit être révisé est souvent essentiel pour un résultat fructueux.

LIGNES DIRECTRICES POUR L'UTILISATION DE L'EMBLEME ET DU DRAPEAU DE L'ONU

L'emblème de l'ONU a été approuvé par l'Assemblée générale le 7 décembre 1946. Il consiste en une carte du monde, figurée en projection azimutale équidistante, le pôle nord servant de centre, entouré de deux rameaux d'olivier. Ces deux symboles parlent d'eux-mêmes : le rameau d'olivier est un symbole de paix et la carte du monde représente l'Organisation dans sa quête de paix mondiale.

LE DRAPEAU DE L'ONU. PHOTO ONU/MARK GARTEN

Le drapeau et l'emblème des Nations Unies sont devenus les symboles de l'ONU dans l'accomplissement de ses activités sur la scène internationale. Ils ont l'effet pratique d'identifier l'Organisation dans les régions de troubles et de conflit pour toutes les parties concernées. Le drapeau et l'emblème sont des symboles ambitieux, ils portent les espoirs et rêves des peuples du monde dans leur recherche de paix et d'unité.

LA SALLE DE L'ASSEMBLEE GENERALE PENDANT UN MODELE ONU. PHOTO ONU/LOEY FELIPE

L'usage et l'affichage de l'emblème de l'ONU sont restreints et limités exclusivement à l'ONU pour ses propres activités officielles. L'utilisation de la version modifiée de l'emblème de l'ONU pour Modèle ONU est soumise à une autorisation préalable écrite de l'ONU.

L'usage du drapeau des Nations Unies est permis conformément au Code du Drapeau de l'ONU. Les simulations Modèle ONU, les organisations et les particuliers peuvent manifester leur appui à l'ONU en arborant le drapeau étant entendu que : ceci ne suggère aucune affiliation entre l'ONU et l'organisation ou le particulier arborant le drapeau ; qu'il ne soit pas utilisé pour créer un avantage commercial ou un gain financier ; et que son usage soit limité dans le temps et sur une base temporaire.

Lors de l'organisation ou la promotion d'un Modèle ONU, il n'est pas permis de représenter publiquement ou impliquer une association ou une affiliation avec l'ONU sans le consentement préalable écrit de l'ONU.

Pour obtenir de l'information de base sur l'emblème et le drapeau de l'ONU, veuillez consulter le site de l'ONU à : *https://www.un.org/fr/about-us/un-emblem-and-flag*

Chapitre 5

REUNIONS OFFICIELLES ET OFFICIEUSES

ETUDIANTS D'UN MODELE ONU. PHOTO ONU/MANUEL ELIAS

Cette section présente à la fois les travaux officiels et les travaux officieux auxquels vous participerez lors d'une conférence Modèle ONU.

TRAVAUX OFFICIELS

Phase d'action : prendre des décisions

Le débat d'un point de l'ordre du jour est habituellement suivi par l'adoption de résolutions/décisions. Les résolutions de l'AG reflètent le degré d'accord intergouvernemental. Elles reflètent aussi l'évolution des idées politiques et l'état de la coopération mondiale sur une question donnée.

Cette section traite du processus menant à l'adoption d'une résolution/décision. Il couvre la rédaction du texte, le dépôt d'un projet de résolution, et la décision (« prendre des mesures ») sur ce texte. Diverses formes de consultations et de négociations ont lieu durant ce processus. L'objectif est d'atteindre le consensus, ou au moins de s'en rapprocher le plus possible.

Rédiger le texte d'un projet de résolution

La plupart des projets de résolution sont initialement rédigés par un Etat Membre. Le secrétariat peut les assister, à leur demande, lors du processus de rédaction. L'Etat Membre à l'origine de la résolution et qui en rédige le texte est appelé « l'auteur » de la résolution, il en est le « principal auteur » s'il y a des co-auteurs.

De nombreuses résolutions sont basées sur des décisions passées, et comprennent seulement quelques changements d'année en année. S'il y a des changements mineurs, les auteurs sont encouragés à souligner les parties du texte qui sont différentes des résolutions précédentes.

Parfois, les nouvelles résolutions sont basées sur des rapports du Secrétaire général présentant des recommandations pour des projets de résolutions. Il arrive aussi qu'elles soient basées sur des rapports avec des recommandations venant d'un organe subsidiaire créé par l'AG, tels que des conseils, comités, commissions, conseils et des groupes de discussion et de travail.

Déposer un projet de résolution (Document L.)

« Déposer » est un terme technique signifiant soumettre officiellement le texte d'un projet de résolution à l'AG. Le règlement intérieur de l'AG mentionne les projets de résolution en tant que « propositions ».

Seuls les Etats Membres ou le Président de l'AG peuvent déposer des projets de résolutions. Quand un groupe d'Etats Membres dépose une résolution, c'est généralement le Président du groupe qui le fait en son nom.

Un projet de résolution doit être déposé sous un point spécifique de l'ordre du jour. L'auteur principal d'un projet de résolution n'a pas à attendre que le Débat général soit terminé pour déposer un projet. Déposer une résolution est possible dès que l'ordre du jour de l'AG est adopté. Aucune résolution ne peut être déposée après que l'examen du point est clos, à moins que l'AG ne décide de le réouvrir.

Pour être déposé, le texte du projet doit être déposé, en personne, avec un fonctionnaire des Affaires de l'AG à l'occasion de n'importe quelle réunion de l'AG, ou dans les locaux du Département de l'Assemblée générale et de la gestion des conférences. Le dépôt doit inclure une version électronique et une copie papier du texte du projet. Le dépôt doit être signé et daté sur chaque page, et il doit porter la liste des co-auteurs initiaux. Il doit aussi indiquer le point de l'ordre du jour sous lequel le projet est présenté. Le texte du projet est considéré comme officiellement déposé quand l'auteur et le Département ont signé le certificat de dépôt. *La présentation d'un projet est facile à transposer à une conférence Modèle ONU, il faut demander que tous les projets de résolution soient déposés avec le secrétaire de la commission.*

Le texte, une fois déposé, est formaté par le Secrétariat en un document officiel de l'AG. Ce document, appelé un « document L. », est traduit dans les six langues officielles puis distribué à tous les Etats Membres. Le Secrétariat de l'ONU demande trois jours au minimum pour traiter un projet de résolution. Le « L », dans document L., veut dire « distribution limitée ». Avant que n'existe la messagerie électronique, les versions imprimées des documents L. étaient distribuées seulement aux Missions permanentes. Elles n'étaient pas envoyées aux capitales des Etats Membres. *Dans le contexte des conférences Modèle ONU, les projets de résolution ne sont normalement pas traduits, compte tenu des contraintes de temps. Néanmoins, ils doivent être distribués à toutes les délégations d'une Commission dès que possible.*

Etre Co-Auteur

A l'invitation du principal auteur, les Etats Membres peuvent officiellement exprimer leur appui pour un projet de décision en le « coparrainant ». Il s'agit de signer un formulaire officiel de coparrainage, destiné aux auteurs principaux. Le Document L. donne uniquement les noms des co-auteurs qui ont signé le formulaire de co-parrainage avant que le projet soit déposé. Un additif au Document L. donne le nom des Etats Membres qui ont signé le projet par la suite. Leurs noms sont lus par un fonctionnaire des affaires de l'AG avant l'adoption d'une résolution. *Certains conférences Modèle ONU requièrent un nombre spécifique de co-auteurs pour qu'une résolution soit examinée. Cette exigence n'existe pas à l'AG.*

Les auteurs ou co-auteurs « possèdent » un projet de résolution. Le texte est leur texte, et même s'ils le discutent avec d'autres délégations, tout changement est fait par eux. Les changements apportés à une proposition de projet par les auteurs sont appelés des révisions.

De nombreuses délégations passent beaucoup de temps à une conférence à discuter leurs propositions de projets avec les autres délégations et dans des groupes de co-auteurs chargés de voir quelles révisions sont acceptées. Co-parrainer une résolution suppose de lui donner un appui fort.

Tous les co-auteurs seront mentionnés dans le procès-verbal de la réunion sur l'adoption du projet de résolution. Toutefois, la liste des co-auteurs ne fait pas partie de la version finale publiée de la résolution.

La rédaction et la négociation

La rédaction et la négociation sont étroitement liées car l'objet des négociations est souvent la recherche d'accords sur les mots utilisés pour décrire une mesure qui sera prise sur un point donné de l'ordre du jour.

Examen et décision sur un projet de résolution

Une fois déposé, le projet de résolution/décision est examiné par l'AG. Ce qui veut dire que le document L. est présenté et qu'une décision est prise concernant son adoption. Ceci s'appelle « prendre des mesures ».

Le Département de l'Assemblée générale et de la gestion des conférences consulte les co-auteurs pour décider de la date de la réunion Plénière officielle, pour l'examen du document L.. S'il y a plusieurs projets de résolution pour le même point de l'ordre du jour, la décision sur ces divers projets sera programmée dans l'ordre où ils ont été déposés. Tant qu'une décision n'a pas été prise, l'auteur principal peut retirer son projet à tout moment, si aucun amendement n'a été proposé par un autre Etat Membre. Un projet retiré peut être déposé de nouveau par un autre Etat Membre.

La « règle des 24 heures » veut qu'un projet de résolution soit distribué à tous les Etats Membres un jour avant que la décision ne puisse être prise. Cette règle peut être écartée par une décision orale. La proposition de décision orale vient normalement du Président de l'AG ou de celui d'une grande commission et cette proposition fait l'objet d'une décision immédiate. Dans ce cas, l'adoption se fait habituellement par consensus.

Présentation officielle du Document L.

Lors de la réunion officielle prévue pour l'examen du document L., l'auteur du projet de résolution/décision peut présenter le texte du projet, en résumant son objectif et son contenu, et en soulignant si nécessaire les fautes d'orthographe ou erreurs. Cette présentation peut être suivie ou non de la décision, qui peut être différée si des consultations et des négociations supplémentaires sont nécessaires. Normalement, il n'y a pas de décision sur un projet avant que le débat sur le point de l'ordre du jour ne soit terminé.

A la Plénière, les Etats Membres ne font normalement pas de déclaration en réponse à la présentation du document L., à l'exception du droit de réponse ou si le débat sur le point continue. Après la décision sur un projet, des explications de vote peuvent être faites. Dans les grandes Commissions, la présentation d'un document L. peut être suivie de commentaires généraux.

Prendre une décision ou des mesures

Un projet de résolution/décision peut être adopté par consensus ou par un vote. Les décisions à l'AG sont prises à une majorité simple ou qualifiée des deux-tiers.

Aux termes du Règlement intérieur de l'AG, les « questions importantes » suivantes nécessitent une majorité qualifiée :

- Maintien de la paix et de la sécurité internationales
- L'admission de nouveaux membres
- La suspension et l'expulsion de membres
- Toutes les questions budgétaires

L'AG décide à la majorité simple d'inclure des questions additionnelles parmi les « questions importantes ».

Une majorité est calculée à partir du nombre de « membres présents et votant » (c.à.d. émettant un vote affirmatif ou négatif). Une abstention n'est pas comptée comme « vote ».

Dans le cas d'une égalité à la Plénière, le vote est répété une fois. Le projet de résolution/décision est rejeté si le deuxième vote donne aussi une égalité. Dans le cas d'une égalité en commission, le projet est rejeté sans un deuxième vote.

Pratiques De Negociation Et Consultation

Il y a de nombreuses façons de consulter les Etats Membres sur un projet de résolution/décision avant son adoption formelle. En voici les trois types essentiels :

- **Négociations avant le dépôt.** L'auteur principal consulte les Etats Membres et tient des négociations officieuses sur le projet avant d'en déposer la « meilleure version possible ». Ceci permet de décider immédiatement après la présentation du document L.. C'est la pratique normale en Plénière.

- **Négociations après le dépôt.** L'auteur principal dépose un projet de résolution/décision sans consultations préalables. Après la présentation du document L., des négociations officieuses interviennent, menées par l'auteur principal ou par un facilitateur nommé par le président d'une grande commission. Si le consensus est atteint sur un texte négocié, il remplace le texte original. Cela se fait de deux façons. Soit l'auteur retire le document L. et un nouveau document L. est préparé après qu'un membre du Bureau a déposé le texte négocié. Ou l'auteur dépose le texte négocié comme une révision du document L. original (republié comme L.xx/Rev.1). Dans les deux cas, la résolution/décision est adoptée par consensus. Si les négociations n'aboutissent pas à un consensus, l'auteur peut demander une décision sur le document L. original ou sur le texte négocié (publié comme L.xx/Rev.1). Dans les deux cas, le projet est soumis au vote, souvent accompagné de propositions d'amendements ou de demandes de votes par paragraphe.

- **Consultations conduites par le Président.** Des résolutions de l'AG donnent mandat au Président de l'AG pour mener des consultations sur une question spécifique ou sur des résolutions/décisions en tant que documents finaux. Dans ces cas, le Président de l'AG désigne un ou plusieurs Représentants permanents comme facilitateurs. Si le consensus est atteint le Président peut déposer le projet de résolution/décision en leurs noms. Si le consensus n'est pas atteint, une décision procédurale est prise, demandant parfois la tenue d'autres consultations lors d'une session future de l'AG.

PROPOSITIONS, REVISIONS ET AMENDEMENTS

A un certain point, une proposition doit être formellement déposée ou présentée à la conférence. Dans la plupart des conférences, le texte doit être distribué par le Secrétariat de l'ONU à toutes les délégations au moins 24 heures avant qu'il ne soit formellement présenté. En déposant le projet de résolution ou une autre proposition, l'auteur ou les co-auteurs principaux font une déclaration expliquant les objectifs et le contenu de la proposition et fournissent des arguments pour étayer le projet.

Jusque-là, la proposition n'a pas d'existence formelle. Elle peut toujours être révisée (ou même retirée) et quand arrive le moment de la décision, elle peut être changée – cette fois par la conférence dans son ensemble. Ces changements par la conférence sont appelés des amendements et chaque projet d'amendement doit être formellement proposé (c.à.d. déposé) à la conférence.

Les propositions de questions de procédure sont appelées motions. Le Règlement intérieur dispose de façon générale que les motions de procédure soient traitées différemment des propositions de fond. Une motion limite normalement le débat à son sujet et prévoit souvent une décision par un vote.

IMPLICATIONS SUR LE BUDGET PROGRAMME DES PROJETS DE RESOLUTION

Avant qu'il ne puisse être décidé sur un projet de résolution, le Bureau doit rechercher si les mesures proposées dans le projet ont de possibles implications budgétaires.

Aux termes de l'article 153 du Règlement intérieur de l'AG :

« Aucune commission ne recommande à l'Assemblée générale, pour approbation, de résolution impliquant des dépenses sans que cette résolution soit accompagnée d'une prévision des dépenses établie par le Secrétaire général. L'Assemblée générale ne vote aucune résolution dont le Secrétaire général prévoit qu'elle entraînera des dépenses tant que la Commission des questions administratives et budgétaires (Cinquième Commission) n'a pas eu la possibilité d'indiquer les incidences de la proposition sur les prévisions budgétaires de l'Organisation. »

Avant de décider sur une résolution, le SG présente un état des incidences sur le budget-programme (PBI) associé au projet particulier. Le Comité consultatif pour les questions administratives et budgétaires (CCQAB) présente alors un rapport correspondant. La Cinquième Commission examine les deux documents avant de présenter un rapport à la grande commission concernée. Juste avant que les Etats Membres ne décident sur une résolution, le secrétaire lit le rapport à toutes les délégations car il est important qu'elles connaissent les implications financières de la résolution qu'elles vont adopter.

Les conférences Modèle ONU n'intègrent pas cette composante, mais il est important pour les délégations d'être conscients des implications budgétaires de leurs propositions. Nous recommandons que les conférences trouvent un moyen approprié de prendre ceci en considération. Si la Cinquième Commission n'est pas simulée, vous pouvez proposer à quelques représentants ayant des connaissances d'économie d'agir comme des membres de la Cinquième Commission et leur demander d'étudier chaque projet de résolution et de présenter un court rapport à la Commission avant qu'elle ne se prononce sur le projet. C'est un bon ajout à la conférence, qui force les délégations à considérer si leurs propositions pourraient être mise en œuvre compte tenu des ressources disponibles, en vérifiant par exemple la crédibilité des mesures de financement avec l'approvisionnement de Fonds, dont la création est souvent proposée.

Vote Contre Consensus

Pourquoi Le Consensus Est Generalement Preferable

A l'origine, l'ONU et ses institutions spécialisées prenaient toutes leurs décisions en votant; mais cette pratique n'était pas satisfaisante, spécialement pour les pays en développement, si bien qu'aujourd'hui, dans le Système des Nations Unies il y a une forte préférence pour le consensus par rapport au vote. Même les entités qui recourent le plus souvent au vote, s'efforcent véritablement de l'éviter.

Cette préférence est encore plus forte à l'extérieur du Système de l'ONU, où de nombreuses institutions prennent leurs décisions par consensus (ou dans certains cas, votent seulement sur les questions de procédure, en décidant sur les questions de fond par consensus). Quelques règlements intérieurs ne permettent d'ailleurs pas le vote ou le font seulement pour les questions de procédure. De nombreuses associations régionales, telles que l'Association des nations de l'Asie du sud-est (ANASE) et le Forum du Pacifique et des groupes politiques, tels que le G-7 et le G-77 ne votent jamais. Il y a de nombreuses raisons pour cette préférence :

- De nombreux gouvernements et délégations n'aiment pas l'inévitable confrontation introduite en prenant une décision par un vote

- De nombreux gouvernements considèrent le vote (où certains se retrouvent perdants) comme un mode de décision inapproprié entre Etats souverains. Parfois, certains gouvernements et délégations souhaitent éviter d'avoir à choisir comment voter

- Parfois, certains gouvernements et délégations veulent réduire la possibilité de pression ou de récrimination pour la façon dont ils votent

- Si un gouvernement ou une délégation n'a pas une position très arrêtée sur une question particulière, il lui semble plus approprié de se joindre au consensus que d'émettre un vote favorable

- Si un gouvernement ou une délégation a des réserves sur une proposition ou même des objections fortes, il peut se joindre au consensus car c'est la volonté de la vaste majorité, alors qu'il lui serait par ailleurs difficile de voter en faveur de la proposition. Ceci incite chaque délégation qui appuie la proposition à éviter un vote

- De nombreux gouvernements considèrent que la prise de décision par consensus augmente leur capacité d'influencer sur le résultat des négociations. Elle leur donne une espèce de véto, qui leur permet non seulement d'empêcher une conférence de prendre une décision qu'ils jugent intolérable. Elle peut aussi leur permettre d'atteindre les résultats qu'ils souhaitent (ceci est expliqué en détail ci-dessous, dans « Conséquences de la préférence pour le consensus) »

- Les gouvernements de certains puissants pays peuvent préférer également éviter le vote, dans la mesure où leur voix ne compte pas plus que celle de l'Etat Membre le plus petit ou le plus pauvre

Pourquoi Les Conferences Votent Parfois

Avec de telles raisons en faveur du consensus, il peut sembler surprenant que des conférences en arrivent à voter. Mais elles peuvent avoir plusieurs raisons pour cela.

- Prendre une décision par consensus est plus rapide qu'un vote. Toutefois négocier le chemin vers le consensus demande parfois beaucoup de temps. C'est probablement pourquoi les questions de procédure sont plus facilement soumises au vote, que celles de fond

- La raison la plus évidente pour voter cependant est l'incapacité à atteindre le consensus. Ceci se produit par exemple si les positions sont simplement trop opposées ou si les délégations manquent de temps, d'empathie et de créativité pour développer des propositions sur lesquelles un consensus peut être possible

- Il arrive que lorsque les divisions sont profondes, les gouvernements ou leurs délégations veuillent démontrer la force de leur position

- Il se peut aussi que les gouvernements ou des délégations veuillent montrer combien un gouvernement est isolé ou défiant alors que la majorité est contre lui

- Certains représentants semblent préférer le drame et la confrontation que comporte le vote. Certains deviennent si passionnés durant une négociation qu'ils ne sont plus désireux d'ajuster leur position pour entendre les préoccupations des autres, rendant ainsi le consensus impossible

- Parfois un gouvernement ou une délégation veut créer une situation où le vote est inévitable, pour des raisons qui n'ont rien à voir avec la question examinée par la conférence (par exemple pour faire pression sur un gouvernement concernant une toute autre question)

CONSEQUENCE DE LA PREFERENCE POUR LE CONSENSUS

La préférence affirmée pour le consensus façonne souvent les négociations sur une proposition avant la conférence. Une objection officielle par une seule délégation est suffisante pour bloquer le consensus. Chaque et toute délégation a ce pouvoir et nombreuses sont celles qui essaient de l'utiliser pour obtenir des concessions des autres délégations. Si les règles de la conférence ou la tradition ne permettent pas le recours au vote, chaque délégation a l'équivalent d'un droit de veto. Même si une conférence prévoit juridiquement la possibilité de voter, la préférence pour le consensus peut aussi être si forte que chaque délégation a effectivement un veto.

Les délégations qui poussent une proposition feront souvent des concessions (par exemple accepter des compromis) en vue d'obtenir un consensus. Ceci donne aux autres délégations, une capacité accrue d'obtenir de la conférence qu'elle prenne ou accepte des décisions plus proches de leurs positions. Ces autres délégations veulent rarement que la conférence ne puisse prendre de décisions et peuvent appuyer certains aspects de ce qui est proposé. L'adoption d'une proposition, spécialement avec des compromis qui ménagent dans une certaine mesure leur position, est de loin préférable pour eux à une conférence qui ne peut pas prendre de décisions du tout. Ainsi, en négociant des compromis, ils tiennent compte non seulement des préférences de leurs gouvernements sur certains points, mais aussi du souhait de voir la conférence atteindre une décision. Pour ceux qui poussent une proposition comme pour ceux qui ont des problèmes avec certains de ses aspects, il existe des motivations pour trouver un texte qu'ils pourront ensemble accepter. Ceci donne des négociations constructives.

Alors que de plus en plus de délégations arrivent à ce qui semble être le résultat le plus acceptable pour elles, celles qui se tiennent à l'écart (par exemple en utilisant leur capacité de bloquer le consensus et de faire ainsi en sorte que la conférence n'atteigne aucune décision) se trouvent de plus en plus isolées et subissent de plus en plus une pression à accepter ce qui est offert.

Il arrive parfois que les vues d'un gouvernement sont si loin de celles de la grande majorité dans une conférence qu'il veuille simplement bloquer toute forme de résultat souhaité par la majorité des Etats même si nombre d'entre eux estime qu'une décision est extrêmement urgente.

Aussi longtemps qu'il y a une possibilité de voter, une délégation qui pousse une position minoritaire trop loin, court le risque que les autres insistent pour un vote (qu'elle perdra). Ainsi non seulement la conférence sera en mesure de prendre une décision mais les termes de cette décision pourront être différents du texte de compromis élaboré dans une tentative d'atteindre le consensus. La majorité peut ne pas avoir le besoin de faire des concessions à la minorité. Par conséquent, s'il y a un vote, certaines délégations qui ont fait des concessions qu'elles considèrent importantes, peuvent voir ces concessions retirées. Elles auront raison d'être mécontentes des délégations bloquant le consensus et tenteront d'essayer de les persuader de changer d'attitude et d'éviter un vote – et ainsi de protéger les concessions obtenues. Ceci favorise de nouveau des négociations productives.

Façons d'exprimer les votes

Sur les questions autres que les élections, la plupart des votes ne sont pas secrets. Les délégations peuvent être invitées à voter de deux façons, à main levée ou par appel nominal.

Vote A Main Levee

Le vote normal intervient quand le président ou le secrétaire demande « Tous ceux qui sont en faveur, svp levez la main (ou votre plaque) ». Le secrétariat compte alors les voix. Le président ou le secrétaire invite alors ceux qui sont contre la proposition à exprimer leur position de la même façon. Après que leurs voix ont été comptées, le président ou le secrétaire invitent les délégations à se prononcer pour, contre et abstentions. Le secrétaire ou le président annonce alors le résultat du vote et le président annonce la décision obtenue.

Même si les voix de ceux votant « oui » ou « non » - et de ceux s'abstenant – sont totalisées et enregistrées, il n'est pas toujours aisé de voir comment chaque délégation a voté et les votes individuels ne sont pas reflétés dans les procès-verbaux de la conférence. Ceci s'appelle un vote non-enregistré.

Vote Par Appel Nominal

Le Règlement intérieur de nombreuses conférences dispose que, si une délégation le demande ou si la conférence en décide, il y aura un vote à main levée. Dans ce cas, une lettre est tirée au sort et le secrétaire, en commençant par la première délégation dont le nom commence par cette lettre, appelle chaque délégation à dire tour à tour comment elle vote. Dans ce cas, le secrétariat de la conférence enregistre pour le rapport de la conférence non seulement le nombre de « oui », de « non » et d'abstentions, mais aussi comment chaque délégation a voté. Pour cette raison, un vote par appel nominal est appelé un vote enregistré.

Adoption de l'Ordre du jour et du Programme de travail

Adoption de l'Ordre du jour

L'adoption de l'ordre du jour (comme l'élection des différents responsables) est normalement une formalité, confirmant le résultat de longues préparations et de consultations menées avant la session de l'AG ou la conférence de l'ONU. Comme les points de l'ordre du jour ressortent de la tradition, il est inhabituel pour une délégation d'avoir des objections sur l'ordre du jour provisoire. Dans le cas des conférences Modèle ONU, l'ordre du jour doit être décidé en avance, pour donner assez de temps aux délégations pour préparer leurs positions sur les questions examinées.

Néanmoins, il faut souligner que l'ordre du jour provisoire doit être adopté au début de la conférence pour que les délibérations puissent commencer. Le Règlement intérieur permet aux délégations de proposer des amendements à l'ordre du jour provisoire si elles le souhaitent, et les amendements doivent alors être soumis au vote comme tout autre amendement. Même s'il est peu probable que cela arrive, la possibilité de le faire souligne le pouvoir que les délégations ont de déterminer toutes les décisions finales.

Le Programme de Travail

Dans une conférence de courte durée, l'organisation du travail doit être arrêtée à l'avance en consultation avec les autres délégations, de façon à pouvoir faire l'objet d'une décision formelle sans ou avec peu de débats.

Dans une grande conférence, avec un long ordre du jour, l'organisation du travail présente trois aspects qu'il faut définir :

- Combien de commissions sont nécessaires pour permettre à la conférence de terminer ses travaux à temps

- Quels points de l'ordre du jour seront alloués à quelle commission ou débattus directement en Plénière, et

- Quel est l'échéancier pour accomplir le travail, y compris la planification d'événements spéciaux.

Beaucoup de travail préliminaire est habituellement consacré à ces questions avant le début de la conférence. Dans le cas des réunions plénières de l'AG, le processus est détaillé dans la description de l'AG dans la section sur « La Structure » de ce guide (voir pages 54 - 55). Des suggestions sur la façon d'incorporer ce processus dans des conférences Modèle ONU sont présentées dans la section sur « Les décisions à prendre avant la Conférence » (voir pages 34 - 44). Une fois que le programme de travail a fait l'objet d'un accord officieux, il est présenté à la Plénière de l'AG pour adoption durant la première réunion, et il demeure alors une référence pour toutes les délégations jusqu'à la fin de la session.

Finalement, notons que non seulement la Plénière, mais aussi chaque commission a une réunion d'ouverture au cours de laquelle au début, elle adopte son propre ordre du jour. Le président de chaque commission doit aussi préparer un programme de travail, avec l'assistance du Secrétariat de l'ONU et en consultation avec toutes les délégations.

Phase de discussion – Le Débat général

L'examen d'un point de l'ordre du jour commence avec un débat en réunion officielle. Un seul débat est prévu sur un point que ce soit en Plénière ou dans l'une des grandes commissions. Aucun Etat Membre ne fait plus qu'une déclaration sur un point dans le même débat. La seule exception est lorsqu'une délégation estime que son pays a été critiqué par un des orateurs. Dans ce cas, un représentant de cette délégation a le droit d'exercer son droit de réponse et de réagir vis-à-vis de ce qui a été dit.

Avant l'ouverture du débat sur un point, les documents et rapports le concernant, préparés par le Secrétariat de l'ONU, sont distribués à tous les Etats Membres. Ces documents donnent des éléments sur le point, qui aide à informer le débat. Les fonctionnaires de haut rang de l'ONU qui sont responsables de la rédaction des rapports sur les points de l'ordre du jour au nom du SG, sont souvent invités à présenter ces documents aux Etats Membres lors d'une réunion officielle. La présentation d'un rapport est normalement suivie par une session interactive avec les délégations pour leur permettre de poser des questions sur l'ordre du jour avant que le débat ne commence.

Le terme débat s'applique dans les conférences internationales à tout ce qui est dit formellement – à savoir en fait tout ce qui est dit à la conférence par :

- Le Président

- Un orateur (normalement un représentant à qui le Président « a donné la parole » (c.à.d. la permission de parler)

Dans les conférences, officielles et de grande taille, le premier point qui suit les questions procédurales préliminaires est appelé le Débat général. Les conférences moins officielles n'ont normalement pas de point de l'ordre du jour pour le Débat général, mais elles commencent néanmoins leurs travaux par les déclarations générales de nombreuses délégations.

Le Débat général le plus important a lieu à l'AG. Presque chaque délégation fait une déclaration, toujours prononcée par le représentant de plus haut niveau disponible : le chef de délégation ou parfois un ministre, chef de gouvernement ou chef d'Etat, qui s'est déplacé à New York, spécialement pour l'occasion.

Avec des délégations aussi nombreuses à vouloir prendre la parole, le temps doit être strictement encadré. Chaque délégation n'a le droit de parler qu'une fois et un temps est alloué pour chaque déclaration.

Cette façon de procéder nécessite une liste des orateurs préparée à l'avance. Les délégations s'adressent au secrétariat pour lui demander d'être placées sur cette liste. Certaines souhaitent parler à un moment déterminé. Si une délégation estime que le moment où elle veut parler est déjà alloué à une autre délégation, elle peut s'adresser à cette délégation pour lui demander si elle accepte d'échanger les moments de prise de parole.

Quand une délégation a fini sa déclaration dans le Débat général, certaines délégations peuvent aller la voir pour lui demander des copies de son texte. Dans certaines conférences, ceci peut créer du désordre après certaines déclarations. Pour éviter cela, dans de nombreuses grandes conférences, la tradition veut que le secrétariat dépose une copie de chaque déclaration du Débat général sur la table de chaque délégation au moment où la déclaration est prononcée. C'est une très rare exception à la règle selon laquelle le secrétariat ne distribue que les documents officiels de la conférence (les déclarations dans le débat général ne sont pas des documents officiels de la conférence ; chacune est un document de la délégation qui l'a prononcée).

En raison des contraintes de temps, de nombreuses délégations préparent et distribuent des versions imprimées plus longues que la courte déclaration qu'elles ont effectivement pu prononcer. Dans ce cas, l'orateur doit indiquer qu'une version plus longue de sa déclaration est distribuée aux autres délégations et participants. L'orateur peut aussi demander que son texte complet soit reflété dans le rapport de la conférence. Dans le cas contraire, quand le texte distribué contient des éléments que l'orateur ne souhaite pas prononcer, le texte annonce « vérifier à l'écoute ».

Bien que la règle prévoit que chaque délégation ne peut faire qu'une déclaration, le règlement intérieur (ou dans certains cas la tradition) établit aussi qu'une délégation qui juge nécessaire de répondre à une autre délégation est autorisée à prononcer une déclaration, le droit de réponse. Cette déclaration est soumise à une limite de temps encore plus stricte que dans le Débat général et habituellement, elle n'est faite qu'à la fin de la journée ou du Débat général, quand toutes les délégations ont eu la possibilité de parler. De plus, la plupart des Règlements intérieurs ne prévoient qu'une déclaration dans l'exercice du droit de réponse par une délégation.

Le Débat général n'est pas un « débat » comme le mot le laisse normalement penser. Les délégations ne se répondent normalement pas les unes les autres (sauf occasionnellement avec l'exercice du droit de réponse). En fait, les déclarations du Débat général sont écrites à l'avance, souvent dans les Capitales, bien avant que leurs auteurs aient entendu ce que les autres délégations allaient dire.

De nombreux Modèle ONU utilisent un style de débat qui permet à une personne ou une équipe opposée de présenter une motion d'information à tout moment, qui si elle est acceptée par l'orateur, permet d'interrompre une déclaration pour questionner ou contrer ce qui est dit. Dans le débat qui intervient dans les réunions de l'ONU, ceci n'arrive jamais. Les délégations ne peuvent pas interrompre une déclaration. Même quand un Etat Membre obtient un droit de réponse, il doit attendre la fin de la liste des orateurs pour exercer ce droit.

■ ETUDIANTE LORS D'UN MODELE ONU. PHOTO ONU/RICK BAJORNAS

Il est aussi inévitable qu'en raison de la visibilité donnée aux déclarations du Débat général lors des grandes conférences importantes (spécialement lorsqu'elles sont faites par un dignitaire), les orateurs pensent aux audiences au-delà de la salle de conférence, y compris leur audience nationale. Ceci signifie que leurs commentaires et leur façon de les exprimer sont différents de ce qu'ils seraient s'ils pensaient s'adresser uniquement à quelques collègues en face d'eux à la conférence.

Toutefois, de bonnes déclarations dans le Débat général sont aussi utiles pour les autres délégations. Elles permettent à chaque délégation de pouvoir :

■ Exposer ses vues générales sur les questions examinées

■ Souligner des préoccupations nationales particulières

■ Mentionner en avance toute initiative ou action qu'elle entend présenter à la conférence, et d'expliquer les raisons de ce choix et pourquoi d'autres pourraient l'appuyer.

Pour cela, il est important de savoir ce qui est dit, au moins par les principales délégations, durant le Débat général. Mais ceci ne doit pas peser sur les ressources d'une délégation. Une seule personne doit écouter le Débat général et prendre des notes. Comme la prise de notes dans le Débat général est fatigante, les délégations chargent généralement plusieurs personnes de cette tâche, à tour de rôle.

Les membres plus expérimentés d'une délégation ont souvent un usage plus productif de leur temps. Dès lors, il n'est pas rare que la salle de réunion soit relativement vide durant le Débat général. A d'autres moments, des délégations peuvent choisir de montrer de façon ostentatoire leur présence pour souligner l'importance qu'une question représente pour leur gouvernement.

Ouverture et clôture de la Plénière

Ouverture

La première session de chaque conférence commence par quelques formalités nécessaires, suivies de décisions formelles sur la façon dont la conférence va travailler. Ces questions ont déjà fait l'objet de travaux et discussions préparatoires importants, avec des accords entre de nombreux gouvernements ou leurs délégations avant la conférence. Cependant, tout ceci a eu lieu de façon officieuse. Mais c'est seulement lorsque la conférence est assemblée et déclarée ouverte qu'elle est en mesure de prendre des décisions qui la lient réellement dans son ensemble. Cette situation se retrouve au fil des travaux. Dans le même temps, les discussions officieuses avec des négociations et des accords officieux entre les délégations les plus actives, préparent la voie pour les décisions officielles de la conférence.

OUVERTURE OFFICIELLE

Généralement, le président n'a pas encore été élu, et le travail officiel de la conférence ne peut pas commencer sans président. Quelqu'un devra donc occuper temporairement la présidence quand la conférence ouvre et jusqu'à ce qu'elle se donne elle-même un président.

Habituellement, le président par intérim sera, selon les circonstances (c.à.d. si la conférence s'inscrit dans une série) et à moins que le Règlement intérieur ou les dispositions statutaires en disposent autrement :

- Un représentant de celui qui a convoqué la conférence (le pays hôte ou une organisation internationale)

- Le président sortant (c.à.d. le président de la session précédente de la même conférence, dont le mandat s'étend souvent jusqu'à l'élection de son successeur)

- Le Secrétaire de la conférence

Le Président provisoire ouvre la réunion en tapant du marteau et en disant alors « je déclare la réunion ouverte ».

A partir de là, la conférence est officiellement dans sa première réunion Plénière.

Clôture

La réunion Plénière sera déclarée close après avoir reçu tous les rapports présentés et pris toutes les décisions qui devaient être prises.

La dernière réunion de la Plénière est marquée par des déclaration de clôture des délégations, exprimant leur satisfaction ou leur mécontentement avec le cours des travaux. Les observateurs sont souvent autorisés à faire de courtes déclarations.

La partie principale et finale du processus de clôture correspond à la déclaration de clôture du président. Il donnera une lumière positive sur l'ensemble de la session, attirant l'attention de la conférence sur ses véritables accomplissements et ses possibilités futures.

Plénière et réunions des commissions

Chaque conférence a une Plénière (c.à.d. la réunion de la conférence dans son ensemble), mais de nombreuses conférences ont tellement de travail qu'elles ne pourraient jamais couvrir leur ordre du jour dans le temps imparti, sans allouer une partie de leur travail à des commissions ou à d'autres organes subsidiaires. Il est aussi apparu plus efficace et plus productif d'allouer certaines parties du travail à de tels entités.

Pour ces deux raisons, les conférences divisent généralement leur travail entre la Plénière et un certain nombre de commissions. La Plénière est le lieu où la conférence ouvre et se termine, où les grandes déclarations sont faites, les débats plus généraux sont menés et les décisions de la conférence sont prises. Les (grandes) commissions mènent les discussions détaillées sur les diverses questions, les négociations et la préparation des projets de décision.

De plus, la Plénière ou n'importe quelle Commission peut former des comités, sous-comités, groupes de travail ou tout autre organe subsidiaire pour mener des tâches spécifiques. Tous les organes subsidiaires font rapport à l'organe qui l'a créé (connu sous le nom d'organe « parent »). Ils peuvent faire des recommandations à cet organe, mais ne peuvent pas prendre de décision en son nom. Compte tenu des contraintes de temps pour une conférence Modèle ONU de tels organes ne sont normalement pas inclus dans les conférences.

Il est important de décider d'avance du nombre de grandes commissions, comment les membres de leurs bureaux sont choisis, quelles délégations vont les composer, de quels points elles vont débattre et en combien de temps, vu les limites.

Certaines conférences forment une unique commission plénière, ayant la même composition que la Plénière mais qui ne se réunit pas de façon concurrente avec elle. Dans certaines conférences moins formelles, le Président invite parfois la conférence à passer en « phase ou mode de commission ». La raison pour cela, basée sur l'expérience, semble qu'il vaut mieux disposer en effet de deux instances traitant chaque question de l'ordre du jour : pas juste la Plénière mais aussi une commission. Ceci donne deux processus distincts : la prise de décision formelle (qui préserve la Plénière) précédée par la phase dite de commission avec une discussion détaillée, des négociations et un exercice de rédaction. Cette phase permet à son tour à la Plénière d'avoir une vue élevée plus large de la question, en sachant que les détails ont déjà été revus soigneusement. Cela permet aussi parfois aux débats et négociations animés de se terminer de façon claire avec la fin de la phase de commission ; et la Plénière (même si elle est composée des mêmes délégations) peut alors mettre les différences derrière elle avant d'entrer dans la phase de décision. La pratique d'avoir deux présidents différents pour la Plénière et la commission renforce la séparation et l'effet modérateur. La différenciation est également préservée dans les simulations quand le Président de l'AG préside les réunions de la Plénière et un président ou un vice-président conduit les réunions de la commission.

Il est bien sûr essentiel dans ce système que les commissions ne puissent pas prendre de décision au nom de la conférence. Tout ce qu'elles peuvent faire est de rendre rapport ou de présenter des recommandations à la Plénière. Il est par conséquent important de se rappeler que quelque ait pu être une décision en commission, une décision différente sur la même résolution peut être prise lors de la réunion Plénière.

Règlement intérieur

Règles suivies durant les réunions officielles de l'AG – Phase de discussion

QUORUM

Le quorum correspond au nombre d'Etats Membres qui ont besoin d'être présents pour que le président de l'AG ou d'une commission puisse ouvrir une réunion et pour l'AG puisse prendre des décisions. Le quorum pour l'ouverture d'une réunion de l'AG est un tiers des Etats Membres pour la Plénière et un quart pour les grandes commissions. Cette règle est normalement écartée au début d'une session, sur la base d'une recommandation du Bureau. Le quorum pour l'adoption des résolutions/décisions et les élections correspond à la majorité simple des Etats Membres.

MOTIONS D'ORDRE

Des motions d'ordre peuvent être présentées par les Etats Membres à tout moment de la réunion. Si une délégation pense que le président ne suit pas le Règlement intérieur ou n'est pas assez actif pour le faire respecter par les autres délégations, elle peut présenter une motion d'ordre. Le Règlement intérieur impose au président d'interrompre le cours des travaux pour écouter la motion d'ordre et se prononcer immédiatement à son propos (ce qui veut dire, décider que la motion n'est pas justifiée ou l'accepter et enjoindre à toute délégation qui ne se conforme pas au Règlement intérieur de le faire).

Le Règlement intérieur permet également à une délégation jugeant la décision du président incorrecte, de faire appel. Parce que le pouvoir dans une commission appartient finalement aux délégations elles-mêmes, un appel doit être immédiatement mis aux voix. Le Règlement intérieur dispose de plus que si l'appel aboutit, le président doit immédiatement décider conformément à l'appel.

Si la décision du président sur une motion d'ordre fait l'objet d'un appel, la question à trancher par la Commission est de savoir si cette décision doit être acceptée ou rejetée. Si une délégation pense que la décision du président doit être acceptée, elle doit voter « oui ». Elle vote « non » si elle pense qu'elle doit être rejetée.

A tout moment, les délégations ont un droit absolu de présenter une motion d'ordre ou de questionner la décision du Président. Mais, elles n'ont pas l'obligation de le faire et, avant d'exercer ce droit, elles doivent penser si c'est constructif de le faire.

Dans la plupart des conférences, nombreuses sont les occasions d'écarts, mineurs ou parfois même importants, par rapport au Règlement intérieur, qui dans la pratique sont utiles. Dans ces situations, les présidents doivent être tolérants dans l'intérêt du bien commun. Dans d'autres cas, les divergences par rapport à la procédure peuvent aussi être accidentels ou sans conséquence.

De plus, comme toutes les motions d'ordre, elles prennent du temps et ont une dimension confrontationnelle, susceptible d'être néfaste pour l'atmosphère de la conférence.

Dans certains cas, la démarche prudente et constructive est de ne pas présenter de motion d'ordre, même si elles sont techniquement justifiées.

Faire appel de la décision du Président est considéré comme inamical et dès lors se produit rarement. Toutefois avec de tels « pouvoirs de réserve » (comme l'appellent les constitutionalistes), l'existence même de cette capacité de faire appel incite tout Président à se conduire et à décider correctement.

Il y a une convention largement utilisée pour signaler au Président que la demande de prise de parole vise à présenter une motion d'ordre et non pas simplement à ajouter la délégation sur la liste des orateurs. A l'ONU les délégations utilisent un signal électronique, mais dans un Modèle ONU, les délégations peuvent faire un « T » avec leur main et la plaque de leur pays si la salle n'est pas équipée électroniquement (comme le font encore parfois les délégations à l'ONU).

Certaines délégations essayent parfois d'abuser de leur droit de présenter des motions d'ordre « pour couper l'ordre des orateurs » et parler sur le fond d'une question. A d'autres moments, elles cherchent seulement à utiliser du temps, semer la confusion et dégrader l'atmosphère pour essayer d'empêcher la conférence d'aboutir à la conclusion désirée par la majorité des délégations.

Suspension D'une Reunion

Une réunion peut être suspendue pour un temps limité à la demande d'un Etat Membre ou à l'initiative du président. Une réunion suspendue recommence normalement le même jour.

Ajournement D'une Reunion

Une réunion peut être ajournée à la demande d'un Etat Membre ou du Président. Un ajournement engendre la clôture d'une réunion. Tout examen ultérieur d'une question reprendra lors d'une autre réunion, normalement un autre jour.

Ajournement Du Debat

Les ajournements de débat mettent fin à tout examen du point de l'ordre du jour en question. Ceci veut dire mettre un terme au débat, bloquer la décision sur un projet de résolution/décision spécifique ou mettre un terme à l'examen du point dans son ensemble (c.à.d. fermer le point pour le reste de la session). Les Etats Membres demandant l'ajournement du débat précisent quelle partie de l'examen doit être terminée. La motion d'ajournement du débat est mise immédiatement au vote, à la majorité simple, après la prise de parole de deux délégations en sa faveur et deux qui sont contre. Le terme « motion de non-décision » est utilisée quand une motion d'ajournement du débat est présentée pour bloquer la décision sur un projet de résolution/décision spécifique.

Demander La Parole Et S'adresser Au President

Les règles universelles du débat sont les suivantes :

- Personne d'autre (que le président) ne peut intervenir dans le débat (c.à.d. parler pour être entendu par la conférence) sans que le président lui ait donné la parole

- Quand quelqu'un d'autre que le président intervient, il doit s'adresser au président (bien que chacun sache que ce qu'il dit est destiné à la conférence dans son ensemble).

L'objectif de ces règles est clair. Elles visent à assurer qu'une seule personne ne parle à la fois à tout moment et permet au président de diriger le débat. Elles cherchent aussi à parer aux risques de querelles entre délégations, au moins dans le cadre officiel. Ceci est très important dans la mesure où une conduite querelleuse nuit à un accord.

La première règle signifie aussi que les représentants doivent s'exercer à demander la parole. Une délégation peut chercher à avoir la parole (c.à.d. demander la permission de parler de deux façons, à savoir :

- En demandant au président ou au secrétaire (qui aide souvent le président à repérer ces demandes) d'ajouter leur nom sur la liste des orateurs. Ils peuvent le faire en s'adressant directement au président ou au secrétaire quand la conférence n'est pas en réunion ou en leur passant un message

- En signalant depuis leur siège, lorsque la conférence est en réunion, qu'ils souhaitent prendre la parole. Pour ce faire, ils poussent le bouton du micro. Dans le passé, ils levaient la plaque de la délégation.

Le président (ou le secrétaire en tant que son assistant) tient constamment une liste des délégations qui souhaitent prendre la parole. Il s'agit de la liste des orateurs. Alors que les Règlements intérieurs de nombreuses conférences mentionnent que la parole doit être donnée aux délégations dans l'ordre où les demandes sont reçues, en pratique le Président a un peu de latitude.

■ DES ETUDIANTES REPRESENTANT LE LIBERIA LORS D'UNE CONFERENCE ONU MODELE.
PHOTO ONU/RICK BAJORNAS

Règles à suivre pour prendre Une décision sur les projets de résolution

Vote Sur Des Resolutions

Il semble normal que tout projet de résolution/décision présenté soit adopté sans vote (c.à.d. par consensus). Mais si tel n'est pas le cas, le Président est habituellement informé qu'un vote est demandé.

Vote Sur Les Amendements

Les amendements à un projet existant sont soit présentés officiellement et imprimés comme document L., la veille de la prise de décision, ou proposés oralement depuis la salle si aucune délégation ne présente d'objection. Si plusieurs amendements sont présentés, le Président décide de l'ordre de leur examen. Si les amendements sont adoptés, le projet de résolution sera examiné en tant que « projet de résolution L. XX amendé ».

Vote Sur Les Paragraphes

Un Etat Membre peut demander un vote séparé sur des parties d'un projet de résolution avant l'adoption du texte dans son ensemble. Ceci peut concerner des parties d'un paragraphe, un paragraphe entier ou plusieurs paragraphes. En cas d'opposition à la demande de vote par paragraphe, celle-ci est immédiatement soumise au vote, à la majorité simple, après la prise de parole de deux délégations qui sont en sa faveur et de deux qui sont contre. Un vote par paragraphe sera immédiatement suivi de l'examen du projet de résolution/décision dans son ensemble. L'adoption sans vote reste l'hypothèse normale. Si tout le dispositif est rejeté, le projet est considéré comme rejeté dans son ensemble. Ceci est rare. Un vote sur un paragraphe ou « par paragraphe », est

■ DES ETUDIANTES PRENANT LA PAROLE A UNE CONFERENCE ONU MODELE.
PHOTO ONU/GUILHERME COSTA

aussi appelé une « division de la proposition », un « vote par division » ou un « vote séparé ».

EXPLICATION DE VOTE

Avant et après la décision sur un projet de résolution/décision, les Etats Membres peuvent expliquer leur vote – ou en cas d'adoption par consensus – leur position. L'auteur principal et les co-auteurs d'un projet ne peuvent pas faire d'explications de vote. Une explication de vote concernant un vote par paragraphe est faite seulement lorsque la décision a été prise sur la résolution/décision dans son ensemble. Les Etats Membres sont invités à ne pas faire d'explications de vote sur un même projet, à la fois en grande commission et en Plénière, à moins que leur vote ait changé.

La parole

Certaines règles ne sont pas écrites dans le Règlement intérieur mais appartiennent à la tradition ou à la « culture » de chaque conférence. Par exemple, il est normalement de tradition que chaque Etat Membre fasse une déclaration dans le Débat général et s'il demande la parole une deuxième fois, il est de tradition de commencer par s'excuser. Ceci n'est écrit dans aucun Règlement intérieur mais c'est une tradition bien établie.

Quelquefois une tradition peut être prise pendant des années par erreur comme une règle de procédure par une délégation parce qu'elle a été respectée pendant tellement de temps.

Les réunions officieuses

Quelques conférences Modèle ONU mentionnent les consultations officieuses sous l'appellation « caucus », modérés et non modérés. Bien que ce type de réunions ait lieu à l'ONU, cette terminologie n'est pas utilisée. A l'ONU, les délégations mènent des consultations officieuses. Un caucus modéré à l'ONU correspondrait à des consultations officieuses où le président resterait à présider la réunion mais où le Règlement intérieur serait suspendu. Ce type de réunion serait alors appelée « officieuse officielle ». Le Président n'est toutefois pas toujours présent à ce type de réunion officieuse. La réunion peut être conduite par un facilitateur désigné par le Bureau. A d'autres moments, les représentants peuvent se réunir sur le côté d'une salle de réunion ou ailleurs pour discuter du projet de résolution. Ce type de réunion est appelée « officieuse officieuse », similaire à ce qui est parfois appelé un caucus non modéré dans certaines conférences Modèle ONU.

Différences entre le règlement de l'Assemblée générale et le règlement intérieur de certains Modèles ONU

Souvent, la différence principale entre le règlement intérieur de l'AG à l'ONU elle-même et les règles utilisées par de nombreuses conférence Modèle ONU tient au fait que ces dernières utilisent des règles parlementaires, telles que les règles « Roberts Rules of Order ». L'ONU n'est pas un parlement et ces règles, dès lors, ne fournissent pas un format approprié pour conduire les travaux à l'ONU.

Le Règlement intérieur de l'AG est plus simple que les règles parlementaires souvent utilisées dans les Conférences Modèle ONU. Par exemple, l'AG a uniquement une motion de procédure, appelée motion d'ordre (certaines conférences Modèle ONU incluent parfois des motions d'information, d'enquête, de privilège). De plus, à l'ONU, les orateurs ne donnent pas du temps à un autre orateur et les motions n'ont pas besoin d'être secondées.

Certaines différences sont superficielles. Même si les délégations ne peuvent pas présenter un point d'information lors d'une réunion officielle, elles peuvent poser les questions qu'elles souhaitent aux autres délégations durant les réunions officieuses. Ainsi, d'un point de vue éducatif, les participants à Modèle ONU ont toujours la possibilité d'améliorer leurs connaissances en interrogeant les autres délégations pourvu que ce soit dans un cadre approprié.

D'autres différences sont plus significatives. A l'AG, chaque Etat Membre a une voix, qu'il soit grand ou petit. Seconder ou appuyer des motions peut avoir un sens dans un forum parlementaire où les participants ne veulent pas perdre du temps sur des motions qu'une seule personne appuie. Cependant, dans le contexte de l'AG à l'ONU, chaque délégation représente une nation entière. Etant donné le cadre établi par le principe « un pays, une voix », exiger que les propositions soient secondées irait à son encontre. Ainsi, chaque Etat Membre a le droit de présenter un projet de résolution ou d'amendement sans être appuyé par un autre Etat Membre. De nombreuses conférences Modèle ONU exigent un certain nombre de signatures avant qu'un projet puisse être déposé. A l'ONU, le fait d'avoir des co-auteurs est fréquent, mais ce n'est pas nécessaire.

De la même façon, tout Etat Membre peut présenter une motion pour demander un vote sur un projet de résolution ou un amendement sans avoir à être secondé par un autre Etat Membre. Dans les parlements, s'il n'y a personne pour seconder une motion, elle n'est pas examinée par l'assemblée. A l'ONU, il suffit qu'un seul Etat Membre fasse une proposition pour qu'elle soit examinée. De nouveau, ceci est basé sur le principe que chaque Etat Membre a le droit de proposer une question pour examen devant l'AG, dans la mesure où elle concerne un point à l'ordre du jour.

Dans certaines conférences Modèle ONU, la procédure occupe une place beaucoup plus importante qu'à l'ONU. Si ceci résulte en partie de l'utilisation de procédures parlementaires, c'est également lié au fait que l'essentiel des travaux des conférences Modèle ONU ont lieu dans des réunions officielles, ce qui accroit le besoin de présenter des motions. A l'ONU, le processus de négociation a lieu dans des consultations officieuses et le besoin de présenter diverses motions en réunion officielle est donc moindre. Par exemple, comme la grande majorité des décisions à l'ONU est prise par consensus, les motions liées aux amendements sont moins fréquentes que dans certaines conférences Modèle ONU.

Une dernière différence relevée sur la façon dont les réunions sont menées à l'ONU par rapport à certaines conférences Modèle ONU est liée à l'étendue du pouvoir donné au président. Dans ces conférences, les décisions du président sont finales. A l'ONU, le président, de la Plénière ou d'une grande commission, sert à la discrétion des Etats Membres. Le président peut faire des recommandations et décider sur les motions d'ordre, mais chacune de ses décisions peut faire l'objet d'un appel de la part d'un Etat Membre et être soumise au vote de l'ensemble des délégations. C'est un principe important qui doit être davantage mis en œuvre dans les conférences Modèle ONU. Le pouvoir de l'AG appartient aux Etats Membres. Donner le mot de la fin aux présidents va à l'encontre de ce principe de base de l'AG.

LES PROCESSUS OFFICIEUX

Une conférence internationale est une interaction entre des Etats (essentiellement une interaction coopérative), mais cette interaction se passe entre les représentants de ces Etats. Cette interaction passe par la communication, essentiellement par des conversations face à face.

Les représentants se parlent dès leur arrivée à l'ONU jusqu'à leur départ. Certains de leurs échanges sont sociaux et ont des motifs étrangers aux négociations. La plupart du temps cependant, les conversations portent sur les travaux de la conférence. Il s'agit des **consultations officieuses**.

Cette section couvre les questions importantes :

- L'importance des groupes
- Les objectifs des consultations

C'est lors de ces conversations que se fait l'essentiel du travail de l'ONU. C'est la principale façon dont les représentants se tiennent informés de tous les aspects des travaux sur les points de l'ordre du jour figurant dans le programme de travail, en clarifiant leurs réflexions sur les questions examinées à l'AG ou au C de S et en essayant d'influencer les vues des uns et des autres. C'est dans ces conversations que se passe l'essentiel des négociations et où la plupart des accords sont atteints.

Les processus officiels peuvent avoir une importance décisive, mais souvent leur fonction essentielle est de formaliser des accords atteints auparavant de façon officieuse et de fournir le contexte pour des échanges officieux. La plupart des délégations passent beaucoup de temps en consultations officieuses et c'est pourquoi de nombreux gouvernements envoient des délégations de taille importante pour leur permettre de participer aux consultations officieuses.

L'importance des groupes

Les délégations travaillent très souvent en coopération avec les autres. Quand plusieurs délégations travaillent ensemble pendant une période assez longue, elles sont fréquemment considérées comme formant un groupe. Ces groupes peuvent être appelés groupes politiques ou caucus parce qu'ils se concentrent sur des questions politiques. L'interaction avec les groupes auxquels participe sa délégation est l'une des activités principales d'un représentant.

C'est particulièrement important lorsqu'il s'agit des activités du C de S. Comme la composition du Conseil est limitée à seulement 15 membres, la participation des groupes régionaux aux réunions du C de S est essentielle pour aider à assurer le devoir du Conseil d'agir au nom de tous les Membres de l'ONU, comme énoncé dans l'article 24 de la Charte. De plus, inviter les organisations régionales à aider à répondre aux menaces à la paix et à la sécurité internationales est devenu de plus en plus courant dans les résolutions du C de S. Il en résulte que depuis les années 90, les demandes d'inclure ces organisations dans les efforts de maintien de la paix et de la sécurité internationales dans le cadre du Chapitre VIII de la Charte ont augmenté.

Des groupes bien organisés et établis depuis longtemps comme le G-77 et l'Union européenne ont des systèmes bien rôdés pour collecter l'information et développer des politiques communes sur un grand nombre de questions en jeu devant une grande conférence internationale. Pour les petites délégations, se souvenir de tout ce qui se passe et se concentrer sur les questions de première importance pour elles serait plus difficile et impossible à certains moments si elles devaient le faire seules. C'est rassurant pour les délégations de savoir qu'elles ne sont pas isolées et qu'elles sont entourées, au moins jusqu'à un certain degré, de personnes partageant les mêmes vues et avec qui elles peuvent partager leurs impressions et leurs préoccupations.

Pour les délégations plus importantes, la participation dans des groupes accroit leur charge de travail (car elles doivent assurer la coordination, la diffusion de l'information et le développement des positions du groupe) ; mais ceci augmente leur potentiel à influencer les délégations de leurs groupes à voir les choses comme elles et cet appui les aide à pousser leurs objectifs dans les échanges avec les délégations hors de leur groupe.

Pour les délégations plus petites, il existe un risque de pression à appuyer des positions plus conformes aux objectifs d'autres membres du groupe qu'aux leurs. Dans le même temps, elles peuvent avoir une possibilité de pousser leurs objectifs en ayant le poids du groupe derrière elles.

Pour ce qui est des activités du C de S, les groupes politiques peuvent leur apporter d'importantes contributions de différentes façons. C'est un moyen utile de diffuser l'information sur les travaux du Conseil, ce qui est essentiel pour assurer leur transparence. De la même façon, des informations sur les vues, souhaits et positions des membres des groupes peuvent être réunis et transmis par le coordinateur et le porte-parole du groupe durant les réunions du Conseil, lorsqu'ils sont invités à prendre la parole.

Les groupes comme plateforme d'informations

Tous les groupes politiques discutent de diverses questions et échangent de l'information et des évaluations les concernant et en ce sens sont très utiles aux délégations participantes. En fait pour la plupart des délégations, les réunions des groupes auxquels elles participent est leur principale source d'information pour développer des positions sur ces questions.

Un représentant apporte au groupe sa connaissance et sa compréhension d'une question particulière ou d'un de ses aspects, un autre a des échanges à ce propos avec le président ou des membres d'un autre groupe. L'ensemble dépasse de beaucoup l'information et l'évaluation qu'une seule délégation peut avoir sur une question. Les membres d'un même groupe se font généralement confiance et peuvent dès lors parler plus librement dans ce cadre.

Naturellement, le volume d'information est plus important et mieux analysé quand tous les membres du groupe apportent leurs connaissances et leur compréhension. Les groupes ont aussi l'avantage de pouvoir s'entendre de façon officieuse sur la répartition des tâches au sein du groupe. Le représentant A, qui a de bonnes relations avec la délégation X à l'extérieur du groupe, peut se charger de lui demander ses vues sur un point particulier. Le représentant B peut avoir de bonnes relations avec une autre délégation, et ainsi de suite.

De la même manière, les représentants ne doivent pas avoir peur de poser des questions à propos de certains éléments qu'ils ne connaissent pas ou ne comprennent pas. Ceci les aide non seulement eux, mais aussi d'autres membres du groupe qui bénéficient de la clarification. De plus, poser des questions peut aider ceux qui pensent savoir à éclaircir leurs propres pensées ou la façon de présenter la réponse. Les questions peuvent aussi aider à identifier les points sur lesquels le groupe a besoin de plus d'information ou de réflexion.

Les réunions de ces groupes donnent également aux délégations la possibilité de faire connaître leurs vues, d'expliquer leurs positions et de chercher à amener les autres délégations à penser comme elles.

Les positions de groupe

Les groupes politiques rassemblent non seulement de l'information et des idées, mais ils cherchent souvent à développer des positions de groupes, pour guider leurs membres et/ou pour préparer des déclarations communes et / ou pour négocier des objectifs et des positions. Souvent un porte-parole est choisi pour parler ou négocier au nom du groupe. En général, une délégation appartient à plusieurs groupes de ce type.

Les groupes constitués par question

De tels groupes s'occupent de questions spécifiques sur lesquelles leurs membres ont des vues similaires et souhaitent développer des positions communes. Sur d'autres questions, ils restent libres de prendre des positions différentes, voire opposées.

Une forme commune pour ces groupes est le groupe de co-auteurs. Comme le nom l'indique, c'est un groupe de délégations qui associent leur nom – ou projettent de le faire - à une proposition formellement présentée à une conférence.

Comme ils sont tous « copropriétaires » de la proposition, ils doivent se réunir pour décider de son texte original ou de tout changement postérieur. Ils se partagent fréquemment l'approche des autres délégations pour obtenir leur appui, font rapport entre eux sur les réactions obtenues, discutent et décident alors ensemble de la suite à donner.

Un groupe de co-auteurs est spécifique à une proposition particulière. Une délégation peut appartenir à plusieurs de ces groupes, chacun d'eux ayant une composition différente. Et quand la proposition a terminé son cours, le groupe se dissout. D'autres groupes sont formés par des délégations souhaitant étendre leur coopération au-delà d'une résolution particulière et continuer à travailler ensemble sur la question sur une base à long terme pour développer leurs vues et plans communs. De tels groupes se donnent alors un nom et certains d'entre eux peuvent durer de nombreuses années. Ils peuvent organiser des conférences spéciales et même se doter de secrétariats.

Ces groupes peuvent être formés par :

- Des délégations qui pensent avoir des vues communes

- Des délégations dont les gouvernements souhaitent, pour des raisons politiques, unifier leurs positions (même si elles sont initialement très distantes)

Comme avec les groupes de co-auteurs, de nombreuses délégations appartiennent à plusieurs de ces groupes dont la composition diffère et de nouveau, ils sont libres d'avoir des vues différentes entre eux sur d'autres questions.

Les Groupes Politiques Plus Importants

Par définition, ces groupes sont moins liés à une question spécifique et ont à des degrés divers, les aspects d'une coalition, d'un groupe d'appui mutuel, de solidarité et de discipline. Dans certaines occasions, ils peuvent développer des déclarations de position commune, articulées aussi par des groupes plus larges regroupant également d'autres groupes et délégations.

Les déclarations de groupe

De nombreux groupes politiques sont importants. Au C de S, leurs déclarations sont souvent faites dans le contexte de débats thématiques sur une large gamme de questions. Conformément à l'article 37 du Règlement intérieur provisoire du Conseil, les délégations sont aussi invitées à faire des déclarations au nom des groupes durant les réunions d'information et autres réunions officieuses quand leurs intérêts sont affectés par un conflit particulier dont traite le Conseil. Les Groupes invités à parler le font habituellement après que les membres du Conseil ont eu la possibilité de le faire.

Inviter les groupes politiques à parler comprend divers avantages :

- Une déclaration commune au lieu de plusieurs déclarations similaires des Etats Membres de façon individuelle, dont bon nombre peuvent être répétitives, économise du temps à la fois à la réunion en général et aux délégations en particulier

- Une déclaration unique ou combinée est de loin plus claire et plus cohérente qu'une multitude de déclarations avec différentes audiences nationales en tête, des tonalités, des préoccupations et des modes d'expression internes, voir des contradictions et des incohérences

- Une déclaration faite au nom de plusieurs délégations a plus de poids politique qu'une déclaration faite au nom d'une seule délégation

- Une déclaration de groupe peut être aussi une démonstration de solidarité ou de l'étendue de l'appui à une position particulière

- Une déclaration de groupe peut se baser sur la connaissance et les compétences de plusieurs membres du groupe. Sa qualité est dès lors probablement meilleure qu'une déclaration produite par un seul membre du groupe

Il peut y avoir des inconvénients quand, comme c'est souvent le cas, il existe des vues ou des orientations différentes dans le groupe :

- La négociation d'une déclaration de groupe peut prendre du temps

- Cette déclaration commune peut ne pas refléter les vues ou la flexibilité de tous les membres du groupe

- Elle peut exposer des zones de désaccord (une omission dans le texte peut être perçue comme une indication que le groupe n'a pas une position commune sur un point particulier donné)

D'une façon pratique, les déclarations communes pour les grands groupes ont tendance à être rédigées au départ par un petit nombre de délégations dans le groupe, mais il est essentiel d'assurer que tous les membres du groupe l'acceptent. Ceci peut nécessiter des négociations ultérieures avec des délégations individuelles ou au sein du groupe dans son ensemble. L'avantage d'une déclaration de groupe est complétement perdu si un membre du groupe se dissocie du texte – ce qu'il risque probablement de faire si ses vues n'ont pas suffisamment été prises en considération.

Quand un Etat Membre du C de S fait une déclaration, il commence généralement par s'associer avec la déclaration faite au nom du groupe auquel il participe, avant même que le représentant du groupe n'ait prononcé la déclaration commune au groupe. Ceci s'applique aussi pour les déclarations de groupe faites au nom de membres qui appartiennent aussi à des groupes plus larges. Le non-respect de cette règle sera noté par les autres délégations qui pourront avoir leur propre interprétation de la situation.

Les déclarations de groupe ont la priorité sur la liste des orateurs par rapport aux déclarations individuelles, et la déclaration d'un groupe important aura la priorité sur celles d'un groupe plus petit, dont les membres sont aussi membres du grand groupe.

Choses à retenir en organisant votre conférence : Si la conférence du C de S fait partie d'un Modèle ONU plus large, il est alors plus facile d'inclure une gamme plus étendue de groupes dans les réunions d'information du Conseil. Cependant, si la conférence ne porte que sur le Conseil, les organisateurs doivent par avance décider s'ils veulent inclure un ou deux participants pour représenter un groupe politique qui est invité à parler en plus des 15 membres du Conseil.

L'objectif des consultations

Les représentants se retrouvent généralement dans les salles de repos près de la salle de l'AG.

Les raisons qui motivent les représentants à se consulter de façon officieuse sont les suivantes :

- Pour découvrir ce qu'ils savent

- Pour dire aux autres ce qu'ils veulent qu'ils connaissent (c.à.d. les prévenir qu'ils ou d'autres planifient une initiative)

- Leur demander leur opinion (c.à.d. en « lançant l'idée d'une proposition »)

- Pour découvrir leurs intentions

- Pour obtenir leur assentiment sur leurs propres souhaits

- Pour planifier ensemble le développement d'une proposition ou la préparation d'un argument

- Pour prendre des décisions sur la façon d'agir collectivement

Ainsi, les représentants peuvent :

- Montrer que leur pays est représenté et participe à la conférence

- Suivre la conférence pour voir comment elle progresse dans son programme de travail et quels accords émergent

- Collecter de l'information pertinente pour les objectifs de leur délégation (c.à.d. l'attitude des autres délégations concernant des propositions particulières et évaluer leurs intentions)

- Influencer les positions et actions des autres délégations

- Négocier

- Créer et entretenir des relations avec les autres délégations

- Leur permettre de faire rapport sur ce qui se passe aux autres membres de leur délégation

Les tâches spécifiques menées dans les consultations officieuses visent à :

- Développer des relations avec les autres représentants

- Faire connaître leurs positions aux autres délégations

- Rassembler de l'information générale sur les attitudes, intentions et positions des autres délégations

- Voir qui partage les mêmes positions, qui s'y oppose ou qui en partage certains éléments seulement

- Persuader les autres de s'aligner avec sa position

- Négocier avec les autres pour parvenir à un compromis quand les positions diffèrent.

Qui consulter

Traditionnellement, les consultations officieuses sont censées « se dérouler dans les couloirs ». Cette image est utilisée pour différencier les consultations officieuses des échanges officiels qui ont lieu dans les salles de conférences quand la conférence est en session officielle. En fait, ces consultations peuvent prendre place n'importe où et dans de nombreux cas, les représentants souhaitent qu'elles aient lieu où elles risquent le moins d'être entendues.

Les espaces les plus disponibles et les plus utilisés sont les couloirs, halls, escaliers, cafés et cafeterias du bâtiment des conférences. Il est aussi facile de consulter dans la salle de réunion, avant, après ou durant une réunion. Et quand c'est nécessaire, le président d'une réunion ou une délégation peut demander que la réunion soit suspendue un certain temps pour permettre aux délégations de s'entretenir de façon officieuse si elles pensent que cela peut faciliter le consensus sur une question.

Si quelqu'un souhaite un échange plus privé, de nombreux espaces de conférence ont des terrasses ou des jardins et il est parfois aussi possible de trouver une salle de conférence ou un bureau libre pour un court moment. Les représentants peuvent inviter d'autres représentants à les rejoindre dans divers lieux (par exemple un restaurant) à l'écart de la conférence.

Les consultations officieuses, qu'elles soient en petits groupes de deux ou trois ou avec des groupes plus importants, sont essentiellement privées. Il n'y a donc pas de compte-rendu officiel de ce qui est dit et la discussion peut être préliminaire, exploratoire par nature. Les représentants peuvent alors parler beaucoup plus librement qu'ils ne le font dans des séances officielles où les déclarations sont consignées.

A certains moments d'une réunion officielle, les représentants décident de passer dans la salle des consultations officieuses ou ailleurs, pour des réunions officieuses. Alors, le Règlement intérieur est suspendu, pour la durée de cette réunion.

La nature essentiellement privée des consultations officieuses permet aux représentants d'adapter leur attitude et ce qu'ils disent à leur audience particulière. Ils peuvent dire en privé ce qu'ils ne diraient pas en public. Mais des réactions peuvent rapidement se retourner contre eux s'ils donnent des informations différentes selon leurs interlocuteurs et surtout s'ils cherchent à cacher aux autres représentants quelque chose venant d'autres sources.

Une autre conséquence de la nature officieuse des conversations de couloir est que les accords atteints durant ces discussions engagent seulement ceux qui y participent et de plus seulement officieusement. Les accords engageant le C de S peuvent être conclus seulement dans une réunion officielle, réunie dans la salle du Conseil.

Chapitre 6

LES COMPÉTENCES

UNE ETUDIANTE PARTICIPANT A UNE CONFERENCE ONU MODELE. PHOTO ONU/LOEY FELIPE

Participer de façon efficace à une conférence Modèle ONU demande une variété de compétences. Cette section traite de quatre d'entre elles, essentielles :

- Présider – La présidence, c'est l'art de conduire des réunions. Le président d'une commission en est le responsable, il la dirige pour faire en sorte que ses débats soient ordonnés et productifs.

- Parler – Une conférence internationale est avant tout un exercice de communication entre des personnes de différentes nationalités. Cela peut être un défi de communiquer de façon efficace, en s'adressant à des personnes de langues, cultures, personnalités, appartenances professionnelles et sociales, et expériences différentes.

- Négocier – Un des aspects les plus importants de la participation à une conférence internationale est le développement de qualités de négociateur.

- Rédiger – L'objectif principal d'une conférence est d'adopter un document final sur lequel les Etats Membres peuvent s'accorder. Ce document peut être une décision, une déclaration ou une résolution.

PRESIDER UNE CONFERENCE

Le président n'est presque jamais seul. Le président est aidé, de diverses manières, par toutes les délégations et le secrétariat. Mais le président a la responsabilité première de la conduite des travaux dans une commission.

A l'ONU, plusieurs personnes conduisent les réunions officielles : le président ou les vice-présidents de l'AG pour les réunions des Plénières de l'AG, et les présidents des organes subsidiaires (commissions, comités, groupes de travail ou d'experts, etc.). De plus, il y a les présidents des groupes politiques, qui agissent comme porte-paroles de leurs groupes et auteurs principaux des résolutions. Ils peuvent aussi convoquer des réunions.

Veuillez noter que seules les personnes présidant les réunions de la Plénière de l'AG et des organes subsidiaires susmentionnés appartiennent à la structure officielle de la conférence. Les autres présidents, bien que ne faisant pas partie de la structure officielle, jouent néanmoins un rôle important durant les travaux.

La façon dont les présidents sont choisis dans une conférence Modèle ONU est détaillée dans l'Organisation de l'AG étape par étape (voir chapitre 4, pages 53 - 59).

Les présidents de l'AG et des commissions de l'AG font en sorte que les travaux se passent de façon ordonnée et efficace, conformément au Règlement intérieur. Parce qu'ils représentent tous les Etats Membres, les présidents ne peuvent simultanément représenter des délégations participantes.

Un autre rôle essentiel d'un président est d'assurer que la conférence poursuit ses travaux conformément au règlement intérieur, au mandat et à ses souhaits.

Le président est responsable de plusieurs tâches, dont la distribution du travail, la gestion du temps et la conduite ordonnée du débat.

Une tâche importante du président est de faire en sorte que la Commission atteigne le résultat final fixé dans son programme de travail.

Considérations générales et dénationalisation

Considérations générales

Le président assure que les travaux de la conférence sont conduits de façon ordonnée et efficace et conformément au règlement intérieur. Dans la plupart des règlements, les fonctions et pouvoirs exacts des présidents figurent dans une partie distincte. Cependant, des fonctions et pouvoirs additionnels sont souvent repris ailleurs dans les règlements intérieurs.

En pratique, le rôle, les responsabilités et pouvoirs d'un président sont effectivement même plus larges. Par exemple, le président peut représenter la conférence, remercier le pays hôte, féliciter certaines personnes et exprimer des condoléances, au nom de la conférence. Le président peut aussi tenir une conférence de presse ou communiquer autrement avec des audiences extérieures à la conférence, aussi au nom de la conférence.

Plus important, le président a aussi un rôle essentiel dans le processus de décision. Le règlement intérieur normal demande au président de poser des questions et d'annoncer toutes les décisions. Quand le président prend une décision, il parle encore au nom de la conférence.

En fait, le Président a un rôle structurant dans la conférence. Non seulement, la disposition des sièges fait en sorte que tous les représentants soient assis face au Président, mais de plus toutes les déclarations destinées à tous les participants doivent être adressées au président. Une fois encore, le président personnifie la conférence dans son ensemble.

Les trois façons dont le président représente la conférence et agit en son nom souligne sa position de responsabilité centrale : il doit incarner les objectifs et idées de la conférence dans son ensemble, et non seulement de certaines nations ou personnes.

En d'autres termes, le président agit pour la conférence et seulement avec son consentement. Cette relation s'exprime souvent en ces termes, « Le président est le serviteur de la conférence ».

Toutefois, cette description ne doit pas laisser penser que le rôle du président est passif ou réactif. Le Président doit être alerte. Il lui appartient de comprendre ce qu'il faut faire et de prendre des initiatives appropriées pour assurer que ce soit fait. Le président agit pour le bien de la conférence, avec la conviction que son action aide à produire les résultats désirés par les participants.

Dénationalisation

Parce que le président représente la conférence dans son ensemble, il ne peut représenter simultanément une des délégations participantes.

La plupart des règlements intérieurs spécifient que le président ne doit pas voter. Cependant, la logique, la tradition et certains règlements plus récents sont encore beaucoup plus contraignants. Les présidents sont censés s'arrêter d'agir comme un membre de leur délégation nationale. Si, comme c'est souvent le cas, ils sont chefs de délégation, un autre membre de la délégation doit assumer le rôle de parler et voter au nom de la délégation. Le président doit parler et agir impartialement au nom de la conférence dans son ensemble, et ne pas chercher à promouvoir des positions nationales ou personnelles.

Le Président doit tout le temps :

- Traiter les représentants de façon égale
- Être perçu comme se comportant impartialement
- Ne pas apparaître comme favorisant une partie quelconque
- Ne pas favoriser un camp pour une question controversée

Rôles procéduraux du président de l'Assemblée générale et des présidents des commissions : mesures à prendre pendant une conférence

Allocation du travail et gestion du temps

L'une des premières tâches du Bureau est de décider la répartition des points entre la Plénière de l'AG et ses divers organes subsidiaires.

L'allocation du temps est un défi, qui doit être une des préoccupations constantes des présidents. Le Secrétariat peut probablement fournir des conseils utiles à cet égard, mais établir un calendrier reste de la responsabilité du président, que ce soit en Plénière ou en Commission. Le calendrier est développé dans le programme de travail qui est distribué au début de la réunion de la Plénière ou d'une commission.

L'ouverture de la réunion

Le Président doit arriver tôt, avant le commencement prévu de la réunion. Quand il y a assez de représentants dans la salle, il « invite la réunion à se réunir » et déclare la séance ouverte, salue les délégations, annonce l'objet de la réunion, et fait une brève introduction orale du travail à accomplir.

Voici ce qu'un président doit dire en ouvrant une réunion :

Président de l'AG : « J'invite la première réunion plénière de l'AG à se réunir et je déclare la séance ouverte ». (Il tape alors du marteau pour marquer le début de la réunion).

Président d'une Commission : « J'invite la 20ème réunion de la Troisième Commission de la 60ème session de l'AG à se réunir et je déclare la séance ouverte ».

Annoncer chaque phase de l'activité d'une commission

Au début d'une réunion, et au fur à mesure que la réunion progresse, le président annonce chaque étape procédurale. Il explique chaque question de procédure qui pourrait ne pas être claire, et annonce les étapes suivantes. De la même façon, le président clôt chaque phase du débat et explique ce qui a été fait et ce qui va suivre.

Au début de toute réunion, le président indique clairement aux délégations ce qui va se passer. Il leur rappelle aussi les informations importantes qu'elles doivent connaître.

Cette section présentera ce qu'un président peut dire quand il annonce chaque phase de l'activité d'une commission.

Debat General

Ce qu'un président peut dire au début du débat général dans une grande commission de l'AG :

« Avant d'ouvrir le débat, j'aimerais rappeler une nouvelle fois à toutes les délégations que la Liste des orateurs sera close aujourd'hui à 18h. Toutes les délégations qui souhaitent prendre la parole doivent s'efforcer de s'inscrire sur la liste avant ce délai » ou « Distingués représentants, ce matin, la Commission va poursuivre son Débat général sur le point 86 de l'ordre du jour, conformément à son Programme de travail et son calendrier. Le premier orateur sur ma liste est le distingué Ambassadeur du Nigéria. Je l'invite à prendre la parole. »

Ce qu'un président peut dire au début d'une réunion qui conclura le débat général :

« Aujourd'hui, la Commission va conclure le Débat général sur les points qui lui sont alloués, conformément à son Programme de travail et à son calendrier. »

A la fin du débat général sur un point de l'ordre du jour, le président dit :

« Nous avons entendu le dernier orateur dans le Débat sur ce point. L'Assemblée (ou la Commission) a ainsi conclu cette étape de l'examen 43 de l'ordre du jour (ou du point quelconque à examen). »

Presenter Un Projet De Resolution

Après avoir conclu le débat sur un point de l'ordre du jour, l'étape suivante est la présentation d'un projet de résolution sur le point qui vient d'être débattu. A ce stade, le président dit :

« Nous avons entendu le dernier orateur dans le débat sur le point 43. La Commission va maintenant passer à l'examen du projet de résolution A/67/L.8. Je donne la parole au Représentant du pays A, pour présenter le projet de résolution ».

Decider Sur Un Projet De Resolution

Le président sait toujours par avance si un projet particulier de résolution sera adopté par consensus ou si un vote enregistré a été demandé. La délégation demandant le vote enregistré doit le faire par écrit avant le moment de passer à une décision.

PRÉSENTATION DES AMENDEMENTS

Si les délégations n'ont pas été en mesure d'atteindre un consensus sur un projet de résolution, certaines délégations peuvent choisir de présenter des amendements avant qu'une décision ne soit prise. Tous les amendements doivent être présentés de la même façon qu'un projet de résolution. Ainsi, les amendements doivent être déposés ou donnés en avance au Secrétariat de façon à pouvoir être distribués aux délégations avant la prise de décision.

Ce qu'un président peut dire quand un amendement a été déposé :

« Nous allons passer maintenant à la prochaine phase de nos travaux, la présentation des amendements. Je demanderai aux délégations qui ont présenté des amendements de les présenter dans l'ordre dans lequel ils ont été déposés. J'invite en premier le représentant du pays B à venir présenter son projet. »

« Le prochain amendement sera présenté par le pays C. Je donne la parole au représentant du pays C. »

Une fois que tous les amendements ont été présentés, une décision est prise sur chacun d'eux dans l'ordre de leur dépôt.

Ce qu'un président peut dire avant de passer à la décision sur les amendements :

« Tous les amendements proposés au projet de résolution A/C.1/53/L.52 ont maintenant été présentés. Nous les examinerons dans l'ordre où ils ont été déposés. Nous commençons avec l'amendement du pays B au projet de résolution A/C.1/53/L.22. »

Une fois que la décision a été prise sur tous les amendements proposés, la commission passe à une décision sur l'ensemble du projet de résolution.

Ce qu'un président peut dire après la décision sur les amendements et avant la décision sur le projet de résolution :

« Tous les amendements proposés au projet de résolution A/C.1/53/L.22 ont maintenant été examinés. Nous allons donc passer maintenant à l'examen du projet de résolution A/C.1/53/L.22 dans son ensemble et j'invite les délégations qui souhaitent expliquer leur vote avant le vote, à le faire. »

Une délégation peut décider de retirer un amendement avant qu'une décision ne soit prise à son égard. Cette délégation dira alors :

« Le pays A ne soumettra pas au vote son projet d'amendement présenté dans le document ... »

Dans ce cas, le président confirmer la décision en disant :

« L'amendement proposé dans le document... est donc retiré. »

Voter Sur Une Partie D'un Projet De Résolution Avant De Voter Sur Une Résolution Dans Son Ensemble

Parfois, une délégation peut demander un vote séparé sur juste une partie d'un projet de résolution, qui aura priorité sur le vote sur le projet de résolution dans son ensemble.

Ce qu'un président peut dire quand un vote séparé a été demandé sur un paragraphe d'un projet de résolution :

« La Commission va maintenant se prononcer sur le projet de résolution A/C.1/60/L.4. Un vote enregistré a été demandé. Un vote séparé a aussi été demandé sur le paragraphe opérationnel 4. Je donne la parole au Secrétaire de la Commission pour conduire le vote. »

Décider Sur La Résolution Dans Son Ensemble

Après les résultats des votes sur les amendements ou s'il n'y a pas d'amendements, le président passe à la décision sur la résolution dans son ensemble. Avant cela, le président donne aux délégations la possibilité d'expliquer leur vote. »

Le Président dit alors :

« Tous les amendements ont été examinés et nous allons maintenant passer au vote sur le projet dans son ensemble. J'invite les délégations qui souhaitent expliquer leur vote avant qu'une décision ne soit prise, à le faire. »

S'il n'y pas d'amendements et si le projet de résolution va être adopté par consensus, le Président va dire :

« Nous allons maintenant prendre une décision sur le projet A/C.1/53/L.22 dans son ensemble. J'invite les délégations qui souhaitent expliquer leur vote avant qu'une décision ne soit prise, à le faire. »

Explication De Position Avant La Prise De Décision Ou De Vote Avant Le Vote

Après la présentation d'un projet de résolution, les Etats Membres ont la possibilité d'expliquer leur position avant qu'une décision ne soit prise (dans le cas d'adoption par consensus). Ils ont aussi l'occasion d'expliquer leur vote (si un vote a été demandé). A la différence du débat général, il n'y a pas de liste des orateurs. Les délégations lèvent leur pancarte pour indiquer qu'elles veulent parler et le président leur donne la parole dans l'ordre où il le souhaite. Les auteurs du projet de résolution ne peuvent pas expliquer leur position ou leur vote.

« L'explication de position avant la prise de décision » est utilisée quand un projet de résolution va être adopté par consensus. « L'explication de vote avant le vote » est utilisée quand un vote enregistré a été demandé.

Une fois que toutes les délégations qui voulaient expliquer leur vote ou leur position ont parlé – avant la prise de décision – le secrétaire lit le titre du projet de résolution. Le secrétaire donne aussi le nom des auteurs et celui de ceux qui se sont portés co-auteurs.

Conclure Le Processus De Prise De Decision

Si la résolution doit être adoptée par consensus, le secrétaire ou le président précise que 'les auteurs espèrent que le projet de résolution sera adopté par consensus. »

Ce qu'un président peut dire :

« Les auteurs du projet de résolution ont exprimé leur souhait que leur projet soit adopté par la Commission sans vote. S'il n'y a pas d'objection, j'en conclurai que la Commission souhaite agir comme cela. Il en est ainsi décidé. »

Si ce n'est pas le cas, le secrétaire ou le président annonce qu' « un vote enregistré a été demandé », et le secrétaire passe alors à la conduite du vote. Une fois que le processus de vote a commencé, il ne peut pas être interrompu. Une fois le vote terminé, les résultats sont annoncés.

Des co-auteurs ne peuvent pas s'ajouter au projet de résolution une fois qu'une décision a été prise à son sujet.

Explication De Position Apres La Prise De Decision Et De Vote Apres Le Vote

Une fois qu'une décision a été prise, les délégations ont une dernière chance d'ajouter leur point de vue sur leur procès-verbal. Les délégations qui ne sont pas co-auteurs de la résolution ont la possibilité d'expliquer leur position, dans le cas d'une adoption par consensus. Elles peuvent aussi expliquer leur vote après le vote.

Quand le dernier orateur a fini de parler, le président peut conclure en disant :

Puis-je considérer que l'AG (ou la Commission) souhaite conclure son examen du point XX de l'ordre du jour ? Il en est ainsi décidé. »

La Prise De Decision

La phase de décision est un élément particulièrement important de l'activité d'une commission. Le président est particulièrement vigilant durant cette phase. En présence de propositions écrites de projets, le président explique la situation procédurale pour que toutes les délégations la comprennent bien. Il fait en sorte d'assurer que le processus soit pleinement transparent et que les souhaits des délégations soient fidèlement reflétés. Le processus de décision le plus courant est l'adoption par consensus, qu'annonce le président. Ceci suppose une bonne perception des souhaits des délégations car la résolution est alors acceptée par la commission dans son ensemble.

Une responsabilité importante du président est d'assurer que toutes les décisions nécessaires sont prises et dûment enregistrées.

Pendant la nuit

Chaque soir, après avoir clos la réunion, le président commence à planifier la prochaine journée de travail. Il est important que le président soit informé de ce qui s'est passé dans les consultations et autres réunions où il n'est pas présent. Le président doit aussi être informé de ce qui va probablement se passer dans les réunions à venir. Pour cela, une réunion du bureau est souvent nécessaire le matin avant la réunion de la journée. Selon la situation, le président prépare les interventions qu'il aura à faire. Il peut parfois rencontrer des délégations pour les avertir d'événements imminents.

La cloture de la conférence

Finalement, il revient au président de déclarer la conférence close. Mais avant, le président remercie habituellement les délégations et le secrétariat. Il peut aussi faire quelques commentaires sur le résultat final de la conférence.

Role important du président

Le président est responsable de la conduite des travaux de la commission, de faire en sorte qu'ils se passent sans encombre. Le président est aussi responsable de l'obtention d'un résultat final immédiatement acceptable pour tous – ou au moins pour une écrasante majorité des délégations.

Le président agit comme le représentant de la commission dans son ensemble et ses actions doivent être acceptables pour elle. Cet appui est probable quand le président a une bonne compréhension des souhaits des délégations.

Dans certaines conférences Modèle ONU, le président joue essentiellement un rôle procédural et son rôle de fond est ignoré. Souligner le rôle de fond de cette position essentiel de président dans les conférences Modèle ONU peut grandement rehausser le processus de négociation et conduire à davantage de décisions adoptées par consensus.

Les tâches essentielles

L'une des responsabilités importantes du président est d'être intéressé par le résultat final de la conférence. Toutefois, le président doit s'acquitter de cette responsabilité de façon impartiale et neutre.

Planifier Et Etablir L'ordre Du Jour

Le Président doit avoir une idée claire du résultat final possible et désirable. De plus, le Président doit avoir un plan pour parvenir à ce résultat. Ces deux aspects supposent une évaluation constante de la situation et une révision possible de ce plan au fur à mesure que la conférence progresse. L'évolution de la conférence est fortement affectée par l'évaluation par le président du débat et des négociations et de ce que les délégations lui disent dans les consultations. Mais le résultat désirable est plus que la somme des souhaits des délégations. C'est aussi un résultat qui doit être juridiquement et techniquement correct – et viable.

La Mise En Œuvre

La responsabilité du président est de faciliter le déroulement de la conférence. Toutefois, si la conférence montre des signes de stagnation ou d'égarement, le président doit jouer un rôle plus actif. Il peut alors encourager les délégations à agir pour aider la conférence à progresser de nouveau. En dernier lieu, le président peut s'engager plus directement. Il peut par exemple convoquer un groupe consultatif, attirer l'attention de la conférence sur des options ou faire des suggestions, basées sur sa connaissance et sa compréhension des souhaits des délégations et sur des considérations techniques et juridiques.

Les ressources et moyens à disposition du président

Le président doit travailler avec et à partir de différents éléments :

LE REGLEMENT INTERIEUR

Le règlement intérieur établit les pouvoirs extensifs du Président. (voir la section sur le règlement intérieur, pages 37 - 38, où ceci est présenté en détail).

GARDER UNE ATMOSPHERE POSITIVE

L'atmosphère ou l'ambiance de la commission est un autre facteur dont le président doit s'occuper, car elle peut aider la conférence à atteindre ses objectifs.

LE TEMPS

Le président doit gérer le temps disponible car il peut affecter à la fois la procédure et les résultats. Ainsi, il peut estimer qu'il faut davantage de temps pour les consultations. Si nécessaire, le président peut demander que le débat ou les négociations continuent dans la soirée.

LE PRESTIGE

Le président est le responsable et le représentant reconnu de la commission dans son ensemble. Aussi longtemps que le président a la confiance des délégations, le prestige de sa position a une influence potentielle considérable.

ASSISTANCE

Ainsi que mentionné ci-dessus, toutes les délégations ayant un esprit constructif vont appuyer le président. De la même façon, le secrétariat de la conférence va l'assister.

Dans la plupart des conférences, le secrétariat prépare un scénario, les Notes du Président, qui suggère ce que le Président doit dire.

METHODES

Le président peut assurer l'acceptation finale d'un résultat de diverses méthodes. En voici quelques-unes :

a. Le président donne du temps pour faciliter la discussion et la négociation. Si nécessaire, il peut :

- Suggérer la tenue de consultations

- Désigner un Ami du Président ou un facilitateur pour conduire les consultations

- Mener une série de consultations séparées

b. Le président influence souvent le cours du débat et ainsi le résultat de la conférence, en assurant que les délégations comprennent pleinement l'objectif, le contexte et l'histoire d'une question. Il peut aussi influencer le résultat en faisant des suggestions sur la façon dont la conférence et les délégations doivent mener leurs travaux.

c. Le président peut aussi susciter des accords entre des délégations qui s'opposent, afin de les aider à trouver une solution satisfaisante à leurs différends. Le président peut agir ainsi en :

- Passant des messages aux délégations

- Donnant des explications sur les positions respectives

- Insistant sur la compréhension et la volonté de faire des compromis

- Faisant des suggestions aux deux parties sur la façon de faire avancer leurs objectifs et sur ce qui est atteignable de façon réaliste.

d. De la même manière, le président peut jouer un rôle croissant en assurant que des textes constructifs soient préparés en temps voulu. Ceci peut prendre la forme d'une compilation de textes agréés avec des alternatives entre crochets proposées par les délégations, connue comme le « texte du Président ». Un texte du président est une proposition basée sur l'évaluation de ce qui peut être acceptable pour la conférence à la lumière du débat et des négociations en cours, complétés par les consultations du président.

C'est une question de jugement de décider de préparer ce genre de documents. Dans ce cas, le président doit en considérer le moment opportun, la portée des consultations et avertissements préalables, et du degré d'opportunité de faire ses propres propositions.

Dans tout cela, le président continue d'agir au nom de la commission dans son ensemble et avec son consentement. Cela suppose que le président a une très bonne perception de ce que la conférence veut collectivement et peut approuver ou au moins accepter.

Les activités du président d'une commission dans la conduite des travaux

Assurer que la commission s'acquitte de son travail

Une tâche essentielle du président est d'assurer que la commission travaille d'une façon qui semble appropriée, à la lumière du règlement intérieur et de la compréhension de son mandat et des souhaits des délégations.

Pour cela, le président peut recourir aux différentes techniques suivantes ou à leur combinaison. Il peut :

1. Donner des permissions et permettre certaines choses
2. Faciliter ces choses
3. Indirectement, les causer
4. Les faire lui-même

Permettre Certaines Choses

Le président maintient l'ordre en permettant sélectivement certaines activités et/ou en décidant du moment. Ainsi :

- Une commission ne peut pas avoir d'activité officielle si le président ou un vice-président ne préside pas.

- La conférence n'est pas en session tant que le président ne l'a pas dit.

- Aucune délégation ne peut parler (officiellement) sans la permission du président et le Président peut lui retirer sa permission.

- La conférence ne peut pas travailler (par exemple démarrer une discussion sur un point de l'ordre du jour) avant que le président ne le permette.

- La conférence n'a pas pris une décision tant que le président ne l'a pas confirmé.

- La conférence est en session jusqu'à ce que le président la déclare formellement close.

Mais de la même façon que garder une porte fermée bloque l'activité, l'ouvrir permet l'activité.

Ainsi, par exemple, le président de l'AG :

- Ouvre la première réunion de la Plénière à chaque session, permettant alors aux délégations de commencer à travailler.

- Initie chaque action ou décision (par exemple la clôture de la discussion sur un point et le passage au point suivant).

De la même façon, le président d'une commission :

- Ouvre la première réunion de la Commission, permettant alors aux délégations de commencer à travailler sur les points de l'ordre du jour qui lui sont alloués, et

- Initie chaque action ou décision (par exemple la clôture de la discussion sur un point et le passage au point suivant).

Faciliter Le Travail De La Conference

Le président dispose de nombreuses techniques pour faciliter le travail de la conférence, dont :

- Allouer un temps adéquat pour le débat et les consultations informelles

- Résoudre toute question de procédure, permettant ainsi à la conférence de continuer ses travaux de manière appropriée

- Suspendre la session pour des consultations officieuses

Causer Indirectement Certaines Choses

Les exemples de cette technique incluent :

- Inviter un orateur à faire une déclaration

- Suggérer la tenue de consultations officielles

- Nommer un « Ami du Président » ou facilitateur pour conduire des consultations ou essayer de trouver un consensus sur une question particulière

- Demander au secrétariat de fournir un service particulier (par exemple d'interprétation pour une session de nuit)

Initiatives Personnelles Du Président

Ultimement (« en dernier recours » comme le disent de nombreux Présidents expérimentés), le Président peut jouer un rôle « pratique ». Ils peuvent par exemple :

- Personnellement convoquer un groupe de contact et le présider

- Agir comme un intermédiaire, facilitateur ou intermédiaire pour résoudre des désaccords entre délégations

- Proposer une étape procédurale, telle que laisser une question temporairement de côté ou la renvoyer à un autre organe

- Présenter des formulations ou des textes de projets entiers à la Commission en leur nom (comme expliqué ci-dessous)

Le President Comme Organisateur

Le Président accepte la responsabilité d'assurer que la Commission travaille et accomplisse sa tâche. Ainsi, il peut planifier, superviser et conduire :

- Le développement d'un programme de travail, y compris :

- L'allocation de tâches aux comités et autre organes subsidiaires

- L'allocation de temps pour chaque tâche (par exemple pour la discussion d'un point de l'ordre du jour)

- L'exécution du programme de travail, par lequel il peut :

- Initier le débat sur chaque point de l'ordre du jour

- Assurer que le débat est ordonné

- Initier le processus de prise de décision

- Assurer que les résultats sont enregistrés

REDIGER DES RESOLUTIONS

Contexte

Il y a six organes principaux à l'ONU. Toutefois, comme le Conseil de tutelle a suspendu son activité le 1er novembre 1994, trois seulement adoptent des résolutions : l'AG, le C de S et l'ECOSOC. Cette section explore la nature de la rédaction des résolutions, qui concerne de la même façon les trois organes.

Si nous considérons que la Charte est le texte de base ou la « Constitution » de l'Organisation, nous pouvons aussi considérer que les résolutions adoptées par l'AG constituent sa « loi ». Et parce que c'est la loi de l'Organisation, il est évident qu'elle doit être claire. Cependant ce n'est pas toujours le cas. Parfois, les résolutions adoptées par l'AG peuvent être obscures ou même sembler contradictoires. Ce n'est pas nécessairement la faute de l'auteur ou rédacteur. Au contraire de ce qui se passait avant où chaque résolution était soumise au vote, de nos jours chaque projet de résolution est le résultat de consultations officieuses. Au cours de ce processus, des compromis interviennent et le langage final du texte est parfois peu clair.

L'objectif principal d'une conférence est d'adopter un document final que les Etats Membres peuvent accepter. Les projets de résolution peuvent être déposés dès que l'ordre du jour de l'AG est adopté et qu'il a été décidé si un point particulier doit être alloué à la Plénière de l'AG ou à une de ses grandes commissions.

Les Etats Membres menant des consultations sur un projet de résolution ou de décision avant son adoption officielle peuvent utiliser l'une de ces deux pratiques courantes :

Negociations avant le depôt

L'auteur principal consulte les Etats Membres et mène des négociations officieuses sur le projet avant de déposer la « meilleure version possible ». Ceci permet de passer à la décision immédiatement après la présentation du document L.. C'est la pratique normale en Plénière.

Negociations apres le depôt

L'auteur principal dépose un projet de résolution ou de décision sans consultations préalables. Après la présentation du document L., les négociations officieuses prennent place, menées soit par un auteur principal ou un co-auteur ou par un facilitateur nommé par le président d'une grande commission. Si un consensus est atteint, le texte négocié remplace le projet original. Ceci se fait de deux façons : soit l'auteur retire le document L. original, et un nouveau document L. est produit après qu'un membre du bureau a déposé le texte négocié ; ou l'auteur soumet le texte négocié en tant que révision du document L. original (publié comme Lxx/Rev.1). Dans les deux cas, la résolution/décision est adoptée par consensus.

Si les négociations ne débouchent pas sur un consensus, l'auteur peut soit demander une décision sur le document L. original ou sur le texte négocié (publié comme Lxx/Rev.1). Dans les deux cas, le projet de résolution/décision est soumis au vote, souvent accompagné de propositions d'amendements et de demandes de votes sur des paragraphes spécifiques.

La rédaction et la négociation sont étroitement liées car les négociations nécessitent souvent un accord sur les mots utilisés pour décrire une action qui va être prise sur un point particulier de l'ordre du jour.

L'Histoire d'un texte

Les textes adoptés par les conférences internationales commencent comme un projet de mots sous-tendant un objectif particulier (par exemple accroître la sécurité des transports maritimes, mesures destinées à remédier à un problème de santé publique, etc.) Jusqu'à ce qu'ils soient adoptés à la conférence, ces mots ne sont que des propositions – et sont souvent oubliés. Une fois adoptés, ils portent l'autorité de la conférence.

Structure des résolutions et mots communement utilisés

La forme la plus courante d'expression pour une conférence sont les résolutions. Les résolutions ont un format particulier.

Chaque résolution consiste en une seule longue phrase. Elle commence avec le nom de l'organe principal qui adopte la résolution (par exemple, l'AG ou le C de S), suivi de plusieurs paragraphes préambulaires ou Préambule. Ces paragraphes ne sont pas vraiment des paragraphes, mais des membres de phrase. Chacun commence avec un verbe au participe présent (par exemple, *Rappelant, Considérant, Notant*) avec une majuscule et se termine par une virgule. Parfois, il commence avec plus d'un mot clé, à savoir, *Notant avec satisfaction, Notant avec regret,* etc. Ces mots sont toujours en italique.

Après les paragraphes préambulaires suivent les paragraphes opérationnels ou Dispositif, chacun d'eux commençant par un verbe au temps présent, avec une majuscule, et se termine par un point-virgule, sauf pour le dernier qui se termine par un point.

Mots communement utilises au début des paragraphes préambulaires

■ Reconnaissant	■ Approuvant
■ Affirmant	■ Consciente
■ Appréciant	■ Ayant en mémoire
■ Croyant	■ Ayant examiné
■ Félicitant	■ Ayant à l'esprit
■ Préoccupé	■ Notant
■ Conscient	■ Notant avec approbation
■ Estimant	■ Notant avec inquiétude

- Convaincu
- Désirant
- Mettant l'accent
- S'attendant
- Exprimant
- Pleinement conscient
- Guidé par
- Ayant adopté
- Ayant considéré
- Ayant noté
- Notant avec satisfaction
- Observant
- Réalisant
- Rappelant
- Reconnaissant
- Cherchant
- Prenant en considération
- Soulignant
- Accueillant
- Considérant que

Conseils pour l'ordre des paragraphes préambulaires

Si le Préambule va se référer à la Charte de l'ONU, il doit le faire en premier. Si la résolution commence avec une référence générale aux « buts et principes de la Charte des Nations Unies », il doit y avoir alors une autre clause préambulaire qui renvoie plus précisément à un chapitre ou un article de la Charte qui développe les principes pertinents pour le sujet de la résolution. La première fois qu'elle est mentionnée dans le préambule ou le dispositif, elle doit l'être en tant que Charte des Nations Unies. Ensuite, elle peut être mentionnée simplement comme la Charte.

Les références aux résolutions ou décisions passées viennent généralement ensuite (par exemple, « Rappelant sa résolution 65/309 du 19 juillet 2011). Si la résolution a été adoptée par le C de S, le libellé correct doit être « Rappelant la résolution 338 (1973) du C de S du 22 octobre 1973... ». La première fois qu'une résolution du C de S est mentionnée, la date l'accompagne. Après, seuls le nombre de la résolution et l'année sont mentionnés, par exemple, la résolution 338(1973).

Ensuite, il est approprié d'inclure des observations générales sur le contenu ou l'objectif de la résolution qui sert de base pour le reste du texte. Ceci permet de cadrer l'appel à l'action des sections du dispositif de la résolution.

Finalement, si une référence est faite en rapport au point de l'ordre du jour, elle vient en dernier (par exemple, « prenant note du rapport du Secrétaire général). Toutefois, il n'est pas approprié d'inclure le symbole du document dans le texte, mais dans une note de bas de page.

Mots communément utilisés au début des paragraphes du dispositif

- Accepte
- Adopte
- Est d'accord
- Appelle
- Exprime l'espoir
- Invite
- Note
- Note en approuvant

- Approuve
- Autorise
- Lance un appel à
- Félicite
- Considère
- Décide
- Déclare
- Détermine
- Ordonne
- Souligne
- Encourage
- Approuve
- Exprime sa reconnaissance
- Note avec préoccupation
- Note avec satisfaction
- Proclame
- Réaffirme
- Recommande
- Rappelle
- Répète
- Demande
- Se résout à
- Suggère
- Appuie
- Prends note
- Exhorte

Toutes les résolutions ont au moins un paragraphe opérationnel, mais de nombreuses résolutions ont plusieurs paragraphes préambulaires et plusieurs paragraphes opérationnels. Si plusieurs de ces paragraphes, du préambule ou du dispositif, commencent avec le même mot (par exemple, « notant » ou « note »), il est traditionnellement d'usage d'utiliser « de plus » pour la deuxième utilisation, et « aussi » pour la troisième et les utilisations suivantes (par exemple, « Notant », « Notant de plus », « Notant aussi », etc.).

A l'Assemblée générale et dans de nombreuses autres conférences, les paragraphes préambulaires ne sont pas numérotés, alors que ceux du dispositif le sont. Toutefois si le dispositif n'a qu'un paragraphe, il n'est pas numéroté.

De façon officieuse, les paragraphes du préambule sont mentionnés comme PP1, PP2, etc., et les paragraphes du dispositif comme OP1, OP2, etc.

Les paragraphes préambulaires servent à expliquer la base pour l'action demandée dans les paragraphes du dispositif. Ils peuvent être utilisés pour construire un argument, se constituer un appui, ou pour exprimer des principes généraux. Un léger manque de précision dans le libellé des paragraphes préambulaires est acceptable.

Les paragraphes du dispositif expriment ce que la conférence a décidé de faire. Un langage précis et clair renforce l'impact politique et facilite la mise en œuvre. De la même façon, la brièveté est préférable, comme elle est politiquement plus efficace.

Outre les paragraphes, le dispositif d'un projet, dans le cas rare des « résolutions omnibus », est (principalement à la deuxième commission sur les questions économiques et financières) divisé en parties A, B, C, D ..., qui regroupent elles aussi des paragraphes. Ces différentes parties ont trait à divers aspects d'une même question, par exemple, pour la culture du maïs, sa plantation, son arrosage, sa récolte, sa transformation…

Conseils pour l'ordre des paragraphes du dispositif

Premièrement, se référer au passé. Si les références à la Charte et aux résolutions précédentes doivent figurer dans le préambule, et si vous souhaitez mettre en avant un rapport, alors vous pouvez le citer dans le début du dispositif.

Ensuite, mentionner les actions actuelles, par exemple « Décide », « Décide aussi » et « Décide par ailleurs ».

Aujourd'hui, le format des résolutions est, sans aucun doute, le produit de l'habitude et d'une tradition qui semble remonter à l'époque de la Société des Nations (1919-1946). C'est un langage et une forme acceptés et compris par les gouvernements partout dans le monde, malgré les différences de langue, de tradition et de politique.

Exemple de Résolution de l'AG

Nations Unies	A/RES/67/234

 **Assemblée générale**

Distr. générale
4 janvier 2013

Soixante-septième session
Point 94 de l'ordre du jour

Résolution adoptée par l'Assemblée générale le 24 décembre 2012

[sur la base du rapport de la Première Commission (A/67/409)]

67/234. Traité sur le commerce des armes

L'Assemblée générale,

Guidée par les buts et les principes énoncés dans la Charte des Nations Unies et réaffirmant le respect et l'attachement qu'elle voue au droit international,

Rappelant ses résolutions 46/36 L du 9 décembre 1991, 51/45 N du 10 décembre 1996, 51/47 B du 10 décembre 1996, 56/24 V du 24 décembre 2001, 60/69 et 60/82 du 8 décembre 2005, 61/89 du 6 décembre 2006, 63/240 du 24 décembre 2008 et 64/48 du 2 décembre 2009, et sa décision 66/518 du 2 décembre 2011,

Déçue que la Conférence des Nations Unies pour un traité sur le commerce des armes, qui s'est réunie du 2 au 27 juillet 2012, ait été incapable de conclure ses travaux d'élaboration d'un instrument juridiquement contraignant sur les normes internationales communes les plus strictes possibles pour le transfert international d'armes classiques,

12-49265

Merci de recycler 

A/RES/67/234

Notant que le projet de traité sur le commerce des armes déposé par le Président de la Conférence le 26 juillet 2012 et figurant dans le document de séance A/CONF.217/CRP.1 traduit une avancée dans les négociations, et sachant que certains États ont demandé davantage de temps pour étudier ce document,

Déterminée à faire fond sur les avancées réalisées jusqu'à présent dans les travaux devant mener à l'adoption d'un traité sur le commerce des armes qui soit vigoureux, équilibré et efficace,

1.   *Prend acte* du rapport de la Conférence des Nations Unies pour un traité sur le commerce des armes, paru sous la cote A/CONF.217/4 ;

2.   *Décide* de convoquer à New York, du 18 au 28 mars 2013, la Conférence finale des Nations Unies pour un traité sur le commerce des armes, qui sera régie par le règlement intérieur adopté le 3 juillet 2012 et publié sous la cote A/CONF.217/L.1, afin d'élaborer, dans l'ouverture et la transparence, le texte définitif du Traité sur le commerce des armes, en appliquant *mutatis mutandis* les modalités retenues pour la Conférence des Nations Unies pour un traité sur le commerce des armes ;

3.   *Décide également* que le projet de traité sur le commerce des armes déposé le 26 juillet 2012 par le Président de la Conférence des Nations Unies pour un traité sur le commerce des armes et figurant dans le document de séance A/CONF.217/CRP.1 servira de point de départ pour les travaux à venir concernant le traité sur le commerce des armes, étant entendu que les délégations auront le droit de faire des propositions supplémentaires concernant ce texte ;

4.   *Prie* le Secrétaire général d'engager des consultations en vue de la nomination du Président désigné de la Conférence finale des Nations Unies pour un traité sur le commerce des armes ;

5.   *Prie* le Président désigné d'engager, préalablement à la tenue de la Conférence en 2013, des consultations sur la base du projet de traité sur le commerce des armes déposé par le Président de la Conférence des Nations Unies pour un traité sur le commerce des armes et figurant dans le document de séance A/CONF.217/CRP.1 ;

6.   *Prie* le Secrétaire général de prêter à la Conférence finale des Nations Unies pour un traité sur le commerce des armes toute l'assistance nécessaire, notamment d'assurer la diffusion des informations générales essentielles et des documents pertinents, compte tenu de ceux qui avaient été mis à la disposition de la Conférence des Nations Unies pour un traité sur le commerce des armes ;

7.   *Décide* de rester saisie de la question à sa soixante-septième session et, à cet égard, prie le Président de la Conférence finale des Nations Unies pour un traité sur le commerce des armes de lui faire rapport sur l'issue des travaux lors d'une séance qui se tiendra dès que possible après le 28 mars 2013 ;

8.   *Décide également* d'inscrire à l'ordre du jour provisoire de sa soixante-huitième session la question intitulée « Traité sur le commerce des armes ».

62e séance plénière
24 décembre 2012

Voici un exemple de Résolution du C de S

Nations Unies	S/RES/1805 (2008)

Conseil de sécurité

Distr. générale
20 mars 2008

Résolution 1805 (2008)

Adoptée par le Conseil de sécurité à sa 5856ᵉ séance, le 20 mars 2008

Le Conseil de sécurité,

Réaffirmant que le terrorisme sous toutes ses formes et dans toutes ses manifestations constitue une des menaces les plus graves pour la paix et la sécurité internationales et que tous les actes de terrorisme sont criminels et injustifiables, quels qu'en soient le mobile, le moment et les auteurs, et *demeurant résolu* à contribuer encore à l'amélioration de l'efficacité de l'action d'ensemble menée contre ce fléau à l'échelle internationale,

Rappelant sa résolution 1373 (2001) du 28 septembre 2001, par laquelle il a décidé de créer le Comité contre le terrorisme (CCT) et *rappelant également* ses autres résolutions relatives aux menaces que les actes de terrorisme font peser sur la paix et la sécurité internationales,

Rappelant en particulier ses résolutions 1535 (2004) du 26 mars 2004 et 1787 (2007) du 10 décembre 2007, qui ont trait à la Direction exécutive du Comité contre le terrorisme,

Rappelant en outre ses précédents examens de la Direction exécutive du Comité contre le terrorisme dont il est rendu compte dans les déclarations du Président du Conseil de sécurité S/PRST/2005/64 du 21 décembre 2005 et S/PRST/2006/56 du 20 décembre 2006 et *réaffirmant* les conclusions qui y sont dégagées,

Saluant le plan d'organisation révisé de la Direction exécutive du Comité contre le terrorisme soumis par le Directeur exécutif de la Direction (S/2008/80) ainsi que les recommandations qui y sont formulées,

Notant avec satisfaction la place prépondérante qu'accorde la Direction exécutive du Comité contre le terrorisme aux principes directeurs de la coopération, de la transparence et de l'impartialité ainsi que son intention déclarée d'adopter une stratégie de communication plus dynamique,

Soulignant le rôle central que joue l'Organisation des Nations Unies dans la lutte mondiale contre le terrorisme et se félicitant de l'adoption par l'Assemblée générale de la Stratégie antiterroriste mondiale de l'Organisation des Nations Unies (A/60/288) le 8 septembre 2006 et de la création de l'Équipe spéciale de la lutte contre le terrorisme afin d'assurer la coordination et la cohésion d'ensemble de l'action antiterroriste du système des Nations Unies,

Rappelant aux États qu'ils doivent veiller à ce que toutes mesures qu'ils prennent pour lutter contre le terrorisme soient conformes à toutes les obligations que leur impose le droit international et adopter ces mesures, dans le respect du droit international, en particulier du droit international des droits de l'homme, du droit international des réfugiés et du droit international humanitaire, et *rappelant également* que la Direction exécutive devrait, conformément à son mandat, continuer de donner au Comité des conseils dans ces matières, en sorte de lui permettre de dégager et mettre en œuvre des mesures efficaces en vue de l'application des résolutions 1373 (2001) et 1624 (2005),

08-27926 (F)

S/RES/1805 (2008)

1.   *Souligne* que le but premier du Comité contre le terrorisme est d'assurer la mise en œuvre intégrale de la résolution 1373 (2001) et *rappelle* le rôle décisif joué par la Direction exécutive du Comité s'agissant d'aider ce dernier à s'acquitter de son mandat;

2.   *Décide* que la Direction exécutive du Comité contre le terrorisme conservera le statut de mission politique spéciale, agissant sous la direction générale du Comité contre le terrorisme, pour une période se terminant le 31 décembre 2010, et *décide en outre* de procéder à un examen intérimaire, le 30 juin 2009 au plus tard, et d'entreprendre un examen global des travaux de la Direction exécutive du Comité, avant l'expiration de son mandat;

3.   *Souligne* que le Comité contre le terrorisme a fait siennes les recommandations contenues dans le plan d'organisation révisé de la Direction exécutive du Comité (S/2008/80) et *les approuve* à son tour;

4.   *Prie instamment* la Direction exécutive du Comité contre le terrorisme de continuer à renforcer son rôle de facilitation de la fourniture d'une assistance technique pour la mise en œuvre de la résolution 1373 (2001), en vue de renforcer les capacités des États Membres en matière de lutte antiterroriste, en répondant à leurs besoins dans ce domaine;

5.   *Souligne* qu'il importe que la Direction exécutive du Comité contre le terrorisme, le Comité contre le terrorisme et les États Membres mènent un dialogue adapté, notamment pour que les États Membres élaborent des stratégies de mise en œuvre pertinentes et *encourage* le Comité contre le terrorisme et la Direction exécutive de ce comité à organiser des réunions sous différentes formes avec les États Membres;

6.   *Prie instamment* la Direction exécutive du Comité contre le terrorisme de resserrer ses liens de coopération avec les organismes internationaux, régionaux et sous-régionaux compétents en vue de renforcer la capacité des États Membres de mettre en œuvre intégralement la résolution 1373 (2001) et de faciliter la prestation d'une assistance technique;

7.   *Invite* la Direction exécutive du Comité contre le terrorisme à continuer de fournir l'appui nécessaire à l'action du Comité en direction des États Membres aux fins de la mise en œuvre intégrale de la résolution 1624 (2005), comme indiqué au paragraphe 6 de cette résolution;

8.   *Accueille avec satisfaction* l'exposé général du Directeur exécutif de la Direction exécutive du Comité contre le terrorisme, attend avec beaucoup d'intérêt « l'étude sur la mise en œuvre au niveau mondial de la résolution 1373 (2001) » et *demande* au Comité de présenter un rapport annuel sur la mise en œuvre de la résolution, ainsi que ses observations et recommandations;

9.   *Prie* le Comité de lui faire un rapport oral, venant s'ajouter au rapport demandé au paragraphe 8, par l'intermédiaire de son président, sur l'ensemble de ses activités et de celles de la Direction exécutive du Comité contre le terrorisme, tous les 180 jours au moins et, le cas échéant, en même temps que les présidents du Comité créé par la résolution 1267 (1999) et du Comité créé par la résolution 1540 (2004), et *encourage* l'organisation de séances d'information officieuses à l'intention de tous les États Membres intéressés;

10.   *Réaffirme* qu'il convient de renforcer la coopération actuelle entre le Comité contre le terrorisme, le Comité créé par la résolution 1267 (1999) et le Comité créé par la résolution 1540 (2004), ainsi qu'avec leurs groupes d'experts respectifs, notamment, s'il y a lieu, par un partage d'informations renforcé, des missions coordonnées dans les pays, et la coordination des activités relatives à l'assistance technique et autres questions intéressant les trois comités, et *exprime son intention* de donner des directives aux comités dans les domaines d'intérêt mutuel afin de mieux coordonner les efforts en matière de lutte contre le terrorisme;

11.   *Se félicite en en soulignant* l'importance que la Direction exécutive du Comité contre le terrorisme soit disposée à participer activement à toutes les activités entrant dans le cadre de la Stratégie antiterroriste mondiale de l'Organisation des Nations Unies et à les soutenir, notamment dans le cadre de l'Équipe spéciale de la lutte contre le terrorisme créée en vue d'assurer la coordination et la cohérence d'ensemble de l'action antiterroriste menée par le système des Nations Unies.

Conseils pour le choix des mots

Le mot clé le plus commun et le plus neutre utilisé pour commencer une clause du dispositif est « Demande ». Il est généralement utilisé quand une résolution invite le Secrétaire général à faire quelque chose.

Quand une résolution a une clause qui demande au SG de faire quelque chose, elle doit le faire « poliment », ainsi « *Recommande* » ou « *Invite* » sont appropriés.

Parfois, les rédacteurs d'une résolution veulent commencer avec une clause et un mot ayant plus d'émotion. Par exemple, « *Appelle* » est plus fort que « *Demande* » et « *Exhorte* » est considéré comme encore plus fort « *Exige* » exprime le plus haut degré d'émotion, mais est rarement utilisé.

Clés du succès dans la rédaction des résolutions

Au début de l'existence de l'ONU, tous les projets de décisions étaient soumis au vote. Maintenant, chaque projet de résolution est discuté préalablement en consultations officieuses où une partie de l'énoncé est souvent sacrifié dans un esprit de compromis.

Une clé du succès dans la rédaction à la fois des propositions orales et/ou des projets de résolutions est de consulter le plus largement possible afin de connaître les préoccupations des autres avant de commencer à écrire, et ainsi de les prendre en compte dans votre projet pour recruter des co-auteurs et désarmer les opposants. Quand votre projet est sur le papier, vous devez alors consulter largement, tout en étant prêt à le modifier en réponse aux préoccupations des autres délégations. Cette façon de procéder assure souvent l'acceptation du projet quand il vient au vote devant la commission. Comme cela au moins, tous les points de désaccord sérieux ont été identifiés et isolés.

Liste de contrôle

Avant de déposer un projet de résolution, assurez-vous que :

- Votre délégation considère que le projet de résolution est prêt à être déposé

- Votre résolution est appuyée par d'autres délégations. Ceci veut dire non seulement ceux avec qui vous êtes normalement associés mais aussi ceux qui appuient l'initiative de la résolution. Vous devez connaître ses chances de succès avant de la déposer

- Les délégations que vous souhaitez avoir comme co-auteurs ont bien été consultées, qu'elles soient satisfaites du texte final et soient désireuses de s'y associer

- Vous êtes satisfait du libellé de la résolution. Ceci veut dire de son contenu et de la façon dont il est présenté. Si votre anglais n'est pas courant, consultez quelqu'un qui l'est

■ Vous avez déposé un projet de résolution avec le secrétariat ou le bureau du Modèle ONU à l'avance de façon que le texte puisse être distribué à toutes les délégations avant la présentation du projet

Revoir le texte après son dépôt

Dans le cas de longs textes avec de nombreuses propositions d'amendements, la commission (ou la plénière), sous la conduite du président, procède à plusieurs lectures successives du texte. Le président attire l'attention sur le premier paragraphe (ou s'il pense que le texte est contentieux, sa première phrase ou la première partie de cette première phrase). S'il n'y a pas de proposition d'amendement, le passage est considéré comme provisoirement adopté. Le Président invite alors à passer au paragraphe suivant. Si des amendements sont proposés, ils sont examinés et s'il y a un accord, le libellé modifié est incorporé dans le texte. Le nouveau texte fait alors partie du projet provisoirement adopté.

Mais si la commission ne peut pas parvenir à atteindre un accord sur l'amendement proposé dans un temps convenable, les mots posant problèmes sont mis entre { crochets } et la commission passe au paragraphe suivant.

A la fin de la première lecture, le texte se compose de passages et de mots provisoirement acceptés ou entre crochets. Chaque groupe de crochets peut contenir un seul ou plusieurs mots, ou alternativement des mots ou des phrases, séparés par des barres obliques (/). Ceci signifie que certains dans la commission préfèrent une option, alors que d'autres préfèrent l'alternative.

Juste après la fin de la première lecture (mais parfois en donnant du temps pour des consultations officieuses), le président invite la commission à procéder à une deuxième lecture du texte. Cette fois, la commission ne réexamine pas le texte provisoirement agréé. Elle revoit en fait le premier groupe de crochets et le président recherche de nouvelles idées sur leur contenu. C'est souvent le cas parce que les délégations qui ont des objections ont dans le même temps :

■ Vu que le texte dans son ensemble progresse et sont maintenant satisfaits concernant les mots entre crochets

■ Réfléchi davantage (et parfois ayant parlé de la question avec d'autres délégations officieusement et/ou consulté leur capitale), en sont venues à la conclusion qu'elles ne souhaitent pas maintenir leurs objections, ou

■ Tenu des consultations avec d'autres délégations intéressées, qui ont débouché sur un accord officieux de changer les mots faisant problèmes.

Si la commission peut se mettre d'accord pour accepter ces mots, ou différents mots à leur place, les crochets sont enlevés et le nouveau texte agréé fait maintenant partie du texte agréé provisoirement dans son ensemble. Ce processus est connu officieusement comme « enlever les crochets ». Si au contraire, un accord ne peut être atteint, les mots contentieux sont laissés entre crochets. D'une façon ou d'une autre, le président invite alors la commission à passer au groupe suivant de crochets   et essaye de nouveau d'obtenir un accord. Ce processus continue jusqu'à la fin de la deuxième lecture, débouchant soit sur un texte totalement agréé, soit sur de substantiels progrès vers un accord.

Alors, une troisième lecture et toutes les suivantes sont conduites de la même façon jusqu'à ce que le texte soit approuvé. Un texte qui fait l'objet de plusieurs lectures peut être appelé « un texte évolutif ».

Le texte provisoirement accepté est « provisoire » dans le sens où tous ceux concernés comprennent que dans de nombreux cas les délégations ne peuvent pas approuver définitivement des textes partiels. Ils ont besoin de voir le texte dans son ensemble avant de savoir si chaque partie est acceptable.

Durant les consultations, le facilitateur ou l'auteur d'un projet de résolution peut distribuer des « textes de compilation » qui reflètent l'évolution des négociations et les différentes positions des Etats Membres en détail. Après chaque série de négociation, les révisions du texte sont compilées.

L'exemple ci-dessous présente les éléments standards pour les textes de compilation*. *Veuillez noter que cet exemple est une fiction* :

Texte de compilation au 21 octobre 2016 (Rev.3)
L'Assemblée générale,

PP1 *Réaffirmant* ses précédentes résolutions sur la question du chocolat, incluant ses résolutions 46/77 du 12 décembre 1991 et 63/309 du 14 septembre 2009 ;

PP2 *Reconnaissant* le rôle de l'Assemblée générale dans l'examen de la question du chocolat, conformément à la Charte des Nations Unies ;

PPE2 (Alt) *Reconnaissant* aussi le besoin de renforcer encore le rôle, l'autorité, l'efficacité et la performance de l'Assemblée générale ; (proposé par le Liechtenstein) ;

PD1 *Prend note du rapport du Secrétaire général* sur « Du chocolat pour tous » ;

PD2 *Exprime* son appui pour la promotion **active** en cours **{remplacer : UE}** du chocolat de la Suisse **{effacer : UE, G77}** pour le bien-être physique **et mental {ajouter : République de Corée}** des peuples ;

PD3 *Invite* le Secrétaire général à généraliser la consommation du chocolat en distribuant du chocolat à toutes les réunions, comme moyen d'accroître le bonheur au sein du Système des Nations Unies et dans ses activités opérationnelles ;

PD3 (bis) *Reconnaît* la contribution positive d'une consommation accrue de chocolat pour l'économie des producteurs de cacao dans les pays en développement ; {proposé par le G77/ appuyé par le Mexique}

---

* Extrait de 'The PGA Handbook - A practical guide to the United Nations General Assembly', publié par la Mission Permanente de la Suisse auprès des Nations Unies, New York, 2011.

PD4 *Encourage* les Etats Membres à promouvoir la consommation de chocolat ; **{Commentaires : Etats-Unis, Japon, Canada et Nouvelle-Zélande reviendront sur le paragraphe après avoir consulté leur Ministère de la santé}**

PD5 *Décide* de déclarer 2020 comme Année internationale du chocolat ; **{accepté ad referendum}**

PD6 *Demande* au Secrétaire général de présenter un rapport sur la mise en œuvre de la présente résolution, y compris des recommandations pour une action future à la 84ème session de l'AG. **{accepté}**

Terminologie

« Placer des crochets autour du texte » ou « mettre le texte entre crochets » indique que le texte n'est pas encore accepté.

L'action d'« Enlever les crochets » indique la nécessité de travailler encore pour un accord sur les mots ou passages contentieux.

« Un texte propre » est un texte sans crochet, acceptable pour tous ceux qui ont participé à la rédaction. Toutefois, il y a une convention forte contre un re-démarrage de la discussion sur toute partie du texte provisoirement accepté, car elle risque de déboucher sur des négociations prolongées. Néanmoins, toute conférence est souveraine. Ceci signifie que si une délégation estime qu'une raison valable le justifie, une commission peut décider de revoir une partie d'un texte provisoirement accepté. Elle n'accepte le réexamen que si la proposition est acceptable pour toutes les délégations.

Conseils pour les Conférences Modèle ONU

L'examen des projets de résolutions et des amendements est l'élément qui prend le plus de temps dans une conférence. De plus, c'est généralement le moment durant une conférence Modèle ONU, où le règlement intérieur est fréquemment invoqué, ce qui ralentit le processus de prise de décision sur le projet de résolution.

Etant donné les limites de temps d'une conférence Modèle ONU, le temps nécessaire pour décider sur les différents points de l'ordre du jour peut être gagné en :

- Réduisant ou limitant le nombre de résolutions déposées sur un point donné

- Assurant que l'auteur ou les co-auteurs d'un projet de résolution a/ont consulté les autres délégations pour vérifier qu'il a un large appui. Ceci inclut non seulement les délégations habituellement associées mais aussi celles qui appuient l'esprit du texte. Il est donc essentiel que l'auteur ou les co-auteurs sachent si leur projet a une chance de succès avant de le déposer

■ Revoyant le texte ligne par ligne. Dans de nombreuses conférences Modèle ONU, des amendements sont déposés au hasard plutôt que sur la base d'un examen systématique du document. Un examen plus rigoureux comme souligné ci-dessus peut aider à voir où les délégations sont en désaccord et allouer davantage de temps pour des consultations officieuses pour résoudre les différences

NÉGOCIATION

L'un des aspects essentiels de la participation à une conférence internationale est qu'il permet d'aiguiser ses qualités de négociateur.

La négociation est l'art d'arriver à un accord. L'objectif de base est d'assurer que les autres participants ont suffisamment d'incitations à s'entendre sur un résultat qui traduise leurs aspirations.

La seule façon de satisfaire les aspirations de votre délégation par la négociation est de parvenir à un accord avec les autres délégations. La négociation est difficile, et comme toute autre activité difficile, la préparation est essentielle. Tout bon négociateur se prépare à la négociation en faisant un plan.

Marchandage compétitif contre recherche collective d'une solution

Un des enjeux les plus importants de la négociation est qu'il existe deux approches différentes qui supposent deux stratégies opposées : le marchandage compétitif et la recherche collective d'une solution. Cette section présente les deux approches et explique pourquoi une seule est appropriée pour les conférences internationales.

Le marchandage compétitif

Historiquement, le terme *négociation* signifie « affaires », et la négociation joue un rôle majeur dans les transactions d'affaires.

La forme la plus brute de négociation dans une conférence internationale ressemble à des négociations commerciales brutes, par exemple, comme lorsque vous essayer d'acheter une voiture d'occasion et que la seule chose qui compte est le prix. Dans ce cas, vous voulez payer le moins possible alors que le vendeur veut recevoir le plus possible. Le gain d'une partie signifie une perte égale pour l'autre. Ce type de négociation a été étudié pendant des siècles par les commerçants dans le monde et plus récemment dans les écoles de commerce.

Vous comprenez déjà probablement ce type de négociation. Sa caractéristique essentielle est que chaque partie reçoit quelque chose d'accepté comme résultat final de la négociation. De façon simple, ils reçoivent des parts égales ; mais les questions en jeu devant les conférences internationales sont généralement beaucoup trop complexes pour ça et les besoins et capacités des nations concernées sont trop variés pour un simple équilibre. Au contraire, au niveau international, l'équilibre à trouver est un échange, où la quantité mais aussi la nature de la part de chaque partie diffère.

Chaque partie s'efforce en premier lieu de maximiser ses propres gains et de minimiser ses coûts.

Alors, quelques principes tactiques s'imposent :

- Demander toujours plus que ce que vous espérez obtenir. Pensez à quelque chose qui peut être utilisé comme « monnaie d'échange », que vous pouvez abandonner pour atteindre vos objectifs. Vous pouvez aussi estimer que l'autre partie n'espère pas obtenir ce qu'il demande et que certaines de ses demandes sont seulement des monnaies d'échange

- Vous pouvez même commencer par demander des choses que vous n'espérez pas réellement recevoir, mais auquel s'opposent ferment les autres parties. En agissant ainsi, vous pouvez espérer que ces parties feront des concessions pour s'abstenir d'insister sur ces demandes

- Dissimulez toujours votre « argument ultime ». Parce que l'objectif de l'autre partie est de vous concéder le moins possible, vous pouvez obtenir davantage si elle ne sait pas ce qui est acceptable pour vous

- Prenez tôt et donnez tard. Les négociateurs sous-estiment souvent ce que décide le début de la négociation et mettent trop l'accent sur ce qui est décidé vers la fin de la négociation

- Au fur et à mesure que la négociation progresse, gérez soigneusement le « taux de concession ». Si vous concédez trop lentement des choses à l'autre partie, elle peut perdre espoir d'atteindre un accord satisfaisant, et si vous concédez trop vite, elle peut terminer avec plus que vous auriez dû lui donner

- Les questions en cause sont perçues comme ayant la même valeur pour les deux parties – bien que ce soit rarement le cas

Des préceptes comme ceux-ci peuvent vite engendrer un esprit compétitif, voir même combatif et encourage les négociateurs à considérer une perte par leurs contreparties comme un gain pour eux-mêmes. Il semble évident que de telles attitudes au niveau international sont dommageables pour les relations internationales et par conséquent pour les perspectives de coopération et de tolérance mutuelle.

La recherche coopérative de solution

Un style tout à fait différent de négociation est plus courant dans les conférences internationales que « le marchandage compétitif », parce qu'il est généralement plus productif et largement perçu comme plus approprié dans les relations entre représentants d'Etats souverains. Ce style de négociations démarre avec l'idée que les parties ont toutes deux un intérêt à atteindre un accord et dès lors un intérêt à faire des propositions que l'autre partie acceptera probablement. En d'autres termes, chacun a un intérêt à ce que l'autre soit satisfait.

Atteindre votre objectif nécessite que vous travailliez aussi pour atteindre les objectifs de l'autre partie – dans la mesure ou un tel effort est compatible avec vos objectifs. La même chose s'applique à votre contrepartie : il est de son intérêt de vous satisfaire le plus possible. Ceci fait de la négociation un effort coopératif pour atteindre un résultat attractif pour tous.

Pour réussir dans ce type de négociation, les principes qui s'appliquent sont assez contraires à ceux qui s'appliquent dans le « marchandage compétitif », à savoir :

- Il est important de ne pas demander à l'autre partie des concessions que vous savez inacceptables pour elles. Si vous agissez ainsi, elle aura des difficultés à croire que vous travaillez véritablement pour un accord

- Il est de votre intérêt que l'autre partie comprenne votre position. En fait, peut-être devrait elle-même connaître votre « argument ultime ». Si elle comprend combien elle est proche de cet « argument ultime » sur un point, elle comprend aussi la nécessité d'inclure d'autres éléments qui vous sont importants pour vous inciter à être d'accord

- Parfois, il est de votre intérêt de « donner » beaucoup à l'autre partie tôt dans le processus de négociation pour l'inciter fortement à conclure la négociation et dès lors de vous « donner » ce dont vous avez besoin pour être capable d'atteindre un accord

- Le « taux de concession » n'est peut-être pas important

- Il est important de comprendre que certains arguments sont plus valables pour certains négociateurs que pour d'autres et qu'il faut savoir anticiper.

Caractéristiques des propositions gagnantes

L'outil le plus efficace dans les conférences internationales est l'empathie pour les autres délégations, acquise principalement dans les consultations officieuses. L'empathie vous permet de développer des propositions qui sont attrayantes pour une large majorité des participants. Elle vous permet aussi de guider les efforts collectifs par la qualité de vos idées.

Les autres peuvent être peu intéressés par votre pays et ses préoccupations. Mais une proposition qui est élargie pour tenir compte de leurs préoccupations peut donner naissance également à une coalition de nations appuyant ce que vous voulez atteindre.

Considérez les deux déclarations suivantes :

- Le libre échange en agriculture est bon pour les agriculteurs du pays X

- Le libre échange en agriculture est bon pour tous les exportateurs agricoles et pour les importateurs dans les pays importateurs

La première déclaration a moins d'intérêt pour une audience internationale que la deuxième déclaration. Les deux formulations supposent clairement que la délégation du pays X appuie le libre échange des produits agricoles, mais la deuxième explique pourquoi de nombreuses autres doivent l'appuyer également.

De la même façon, les principes et les précédents peuvent être des données importantes, spécialement ceux qui sont largement connus et respectés de ceux que vous essayez de persuader d'appuyer le résultat que vous souhaitez.

En préparant des conférences Modèle ONU, les représentants peuvent découvrir des principes et des précédents auxquels se référer dans les négociations en étudiant les déclarations faites véritablement par des délégations durant les réunions de l'AG ou du C de S sur les points concernés de l'ordre du jour.

Si une proposition est clairement et justement exprimée, et si elle reflète les souhaits du plus grand nombre possible de délégations, elle est bien partie pour être acceptée. L'enjeu est de développer une proposition ou de concevoir une proposition alternative sur sa base, qui rencontre les préoccupations et les souhaits du plus grand nombre.

Comme souligné auparavant, chaque négociation peut être pensée comme une recherche d'une solution à un problème, résultant du fait que les différentes délégations ont différents objectifs et ambitions. La solution n'est pas d'être irrité par les autres représentants ou d'essayer de faire pression sur eux. En fait, comme nous l'avons indiqué, il faut trouver une formulation acceptable pour tous.

Une proposition rencontre une adhésion générale si toutes les délégations l'apprécient. Elle peut cependant aussi être acceptée si certaines délégations l'aiment et si les autres n'objectent pas vraiment. Elle peut aussi être acceptée si certaines délégations l'apprécient, alors que ceux qui ne l'apprécient pas particulièrement pensent cependant qu'elle leur procure assez ou qu'elle est assez bonne (de leur point de vue) vu ce qu'elles espèrent obtenir. Il se peut possiblement que certains décident, bien que n'aimant pas la proposition, de ne pas insister sur leur opposition, voir même de l'exprimer. En d'autres termes, des attitudes très diverses peuvent être cachées derrière l'acceptation générale d'une proposition ; mais la position de la majorité doit être positive.

Le texte gagnant émerge de ce que tous peuvent accepter et porte au maximum leurs aspirations, malgré leurs différences de vues et d'objectifs.

Les négociateurs s'entendent seulement sur un résultat qu'ils considèrent comme acceptable. Ils vont l'accepter plus rapidement s'ils pensent qu'il fait progresser leurs objectifs. Vous êtes intéressé dans un résultat qui fait progresser les objectifs de l'autre partie ainsi que les vôtres. Dans votre propre intérêt, vous devrez œuvrer pour promouvoir les objectifs de l'autre partie, dans la mesure où il n'est pas incompatible avec la réalisation de vos objectifs.

Ce n'est pas une question de générosité de cœur ; c'est une façon de donner à l'autre partie une incitation à accepter un résultat qui sert vos objectifs.

Argument logique

La raison est la plus efficace et donc l'argumentation la plus largement utilisée dans les conférences internationales.

Les arguments les plus persuasifs sont ceux qui semblent raisonnables à ceux que vous essayez de convaincre. En fait, toute votre argumentation est vue positivement si elle est développée selon leur perspective. Tout au moins, vous ne devez pas parler en partant de votre propre perspective, mais d'une vue générale.

L'élan

Et étroitement lié à cela est l'élan.

Au fur et à mesure des négociations, une solution particulière ou son approche gagne souvent de l'appui. De plus en plus de délégations en viennent à penser alors qu'elle va donner la base sur laquelle la conférence va construire un accord. En d'autres termes, leurs attentes se centrent sur cette approche ou solution et elles délaissent en conséquence les autres approches ou solutions, en recherchant comment cette solution peut être ajustée pour la leur rendre acceptable. La conférence semble gagner un élan croissant pour cette solution.

L'analogie est souvent établie avec une boule de neige, qui gagne en taille par accumulation et prend de l'élan en descendant la colline. Une telle solution peut devenir irrésistible.

La créativité

Les approches examinées ici peuvent grandement bénéficier de négociateurs en mesure d'apporter une nouvelle perspective aux questions qui divisent une conférence et voir les opportunités qui peuvent être trouvées dans les différences mêmes entre les objectifs des différentes délégations et les valeurs diverses qu'elles accordent aux divers facteurs.

Une aide importante en cela est la connaissance – gagnée par l'expérience et/ou la lecture – de solutions ou approches qui ont marché dans d'autres négociations, combinée à la capacité à les adapter à la situation en cours.

Les accords, y compris les positions négociées, sont parfois critiquées pour être le plus petit dénominateur commun, la chose sur laquelle les délégations peuvent s'entendre. Ils peuvent être perçus comme éloignés des accords plus ambitieux qui auraient pu être atteints. Ces résultats sont souvent définis comme ceux sur lesquels aucun participant n'objecte. Winston Churchill a une fois accusé ses chefs de forces armées de donner des conseils qui reflétaient « la somme de leurs peurs ». Il est parfois utile d'identifier ce plus petit dénominateur pour le traiter alors comme une base pour construire un accord de plus grande valeur pour les participants.

Fondamentaux des négociations

Les organes de l'ONU, tels que l'AG et le C de S – les principaux sujets de cette publication – prennent des décisions sur de nombreuses questions. Leurs délibérations peuvent uniquement progresser et donner des résultats s'il y un accord entre les Etats Membres. Parfois, cet accord est atteint par consensus. D'autres fois, il est atteint par un vote à la majorité. Dans cette section, nous allons traiter du processus menant à une décision par la conférence. Ce processus, c'est la négociation.

Le but de la négociation

La négociation est bien connue et pratiquée dans tous les secteurs de l'activité humaine. C'est un moyen de régler les différents sans se battre, une façon de prendre des décisions conjointes quand ceux avec qui vous prenez les décisions ont des points de vue différents ou une manière de réaliser vos propres objectifs bien qu'ils différent de ceux des autres participants.

Ceci signifie que la négociation est une façon de faire face au désaccord, à des vues variées et à des objectifs différents. En bref, c'est une façon de faire face au conflit.

Mais elle peut seulement marcher dans un conflit si les parties jugent qu'ils ont des intérêts communs. S'ils ne pensent pas ainsi, ils peuvent se disputer (de façon improductive) ou s'ignorer : ils ne sont pas intéressés par la recherche d'un accord.

La négociation, c'est trouver comment atteindre un accord. Quand l'accord est atteint, un différend est résolu et une décision conjointe commune est atteinte.

Certaines personnes ou gouvernements sont réticents à s'engager dans des négociations car ils craignent d'être forcés d'accepter des résultats qu'ils considèrent comme dommageables pour leurs intérêts. De telles craintes proviennent d'une incompréhension du processus de négociation. L'intention, et le seul résultat qu'une délégation doit accepter, est une amélioration – de son propre point de vue – de sa situation avant le début des négociations (en d'autres termes, une amélioration par rapport à l'alternative à l'accord). Souvent, ceci ne rejoint pas son idéal ou le résultat attendu; mais la considération qui va être déterminante est qu'il y a quand même une amélioration par rapport à la situation qui aurait été rencontrée en l'absence de négociations – habituellement parce qu'elle associe d'autres gouvernements qui prennent des décisions vues comme aidant vos intérêts. De plus, il n'est pas inhabituel pour un résultat négocié d'inclure quelques éléments perçus comme négatifs (c.à.d. certains de vos intérêts sont encore plus mis à mal). Ceci peut être acceptable dans le cadre d'un ensemble que globalement, vous considérez comme une amélioration.

Le mot *compromis* (et sa traduction dans d'autres langues que l'anglais) peut avoir une connotation très négative dans le langage de tous les jours. Faire des compromis, ou exposer vos principes ou les intérêts de votre nation à des risques, serait de toute évidence, mauvais. Mais dans les négociations internationales, le terme signifie « réduire vos ambitions immédiates, afin d'accommoder les préoccupations des autres parties dans la mesure nécessaire pour les faire accepter un résultat que vous considérez comme une amélioration ». En ce sens, un « compromis » est à la fois dans votre intérêt et celui des autres parties. Les négociateurs dans les conférences parlent souvent de « l'esprit de compromis » dans des termes qui indiquent qu'ils parlent de quelque chose de positif, souhaitable et admirable, et non d'une capitulation abjecte.

Le pouvoir dans les négociations

C'est une croyance largement répandue parmi les personnes qui connaissent peu les conférences internationales que les délégations qui représentent les Etats les plus puissants sont capables d'imposer leurs vues. Mais le pouvoir militaire, économique ou culturel ne se traduit pas directement en une capacité à imposer sa volonté dans une conférence internationale. La réalité est plus nuancée. La réelle source de pouvoir dans les conférences internationales est une combinaison de plusieurs éléments :

- Si votre proposition est attractive pour les autres délégations

- Dans quelle mesure d'autres gouvernements vont se conformer aux souhaits de votre gouvernement à cause de leurs relations bilatérales

- Jusqu'à quel point votre délégation comprend les questions examinées par la conférence et les attitudes des autres délégations à leur égard

- Dans quelle mesure votre délégation est active et travaille beaucoup

- Si votre délégation est capable de faire preuve de flexibilité vis-à-vis des préoccupations des autres délégations

- Si votre délégation peut penser créativement pour produire des propositions attrayantes pour de nombreuses autres délégations

- Si votre délégation a des idées claires sur la façon d'atteindre certains objectifs et une détermination à le faire

Il serait insensé d'imaginer que le relatif pouvoir réel des gouvernements s'évapore quand leurs représentants entrent dans une salle de conférence. La délégation d'un puissant pays a des avantages distincts que de ceux des petits pays moins influents. La valeur que les autres gouvernements accordent à leurs relations bilatérales avec le pays puissant conduit leur délégation à se conformer aux souhaits de la délégation du pays puissant. Les gouvernements des pays puissants sont aussi mieux placés pour bien informer leurs délégations, dotées de personnel formé et préparé. Ils peuvent envoyer plusieurs représentants. Parfois cependant, des pays plus petits et plus pauvres peuvent aussi bien préparer leurs délégations en étant représentés par des personnes capables. Finalement, le pouvoir du pays qu'une délégation représente n'est pas un facteur majeur pour la plupart des points mentionnés ci-dessus.

En résumé, les relations de pouvoir entre nations sont pertinents dans une salle de conférence, mais ils ne font pas tout. Des gouvernements moins puissants sont souvent mieux placés dans le contexte d'une salle de conférence pour atteindre leurs objectifs dans des relations bilatérales. Il est aussi important de se rappeler que les questions sur lesquelles les objectifs des différents gouvernements s'opposent le plus sont précisément les plus difficiles à traiter et à résoudre pour les conférences. Inversement, lorsque les gouvernements des pays puissants et de ceux qui le sont moins ont des objectifs qui peuvent être réconciliés, les conférences sont mieux à même d'atteindre des résultats acceptables pour tous. Ainsi, les questions qui viennent devant les conférences sont en premier lieu celles sur lesquelles les intérêts des participants sont en mesure de s'accommoder. Les luttes de pouvoir ne sont pas la marque de nombreuses conférences et ne sont pas non plus pertinentes pour leurs résultats.

Les délégations dominantes

Généralement, de nombreuses délégations ne se sentent pas obligées de prendre une position particulièrement forte sur chaque question négociée dans une conférence internationale. Peut-être parce que la question n'est pas perçue comme ayant beaucoup d'impact sur elles ou alors ils ne voient pas beaucoup de bénéfices à faire des efforts, ou parce que bien souvent, ce qui est proposé leur semble souhaitable ou au moins acceptable. D'autres délégations peuvent toutefois avoir un désir plus grand d'influencer la décision de la conférence, et dans de nombreux cas, certaines délégations peuvent avoir des souhaits mutuellement opposés.

Ces délégations – celles qui aspirent à influencer le résultat et particulièrement celles qui ont des ambitions mutuellement opposées – deviennent les guides et les meneurs de la conférence. Chacune d'entre elles peut seulement atteindre ses objectifs (dans la mesure où ils dépendent du résultat de la conférence) en garantissant le résultat de la conférence. Elles vont plus probablement réussir si elles essayent de résoudre la question ensemble et s'efforcent de satisfaire les objectifs des unes et des autres. Elles réussissent encore mieux en associant d'autres délégations dans les consultations, car ce peut-être une des délégations les moins impliquées qui trouve en fait la solution acceptable pour tous. Les délégations qui tiennent le mieux compte des différentes préoccupations sont les « délégations dominantes » parce qu'elles seront suivies.

L'interdépendance des négociateurs

Aussi longtemps qu'ils ne cherchent pas à faire dérailler une conférence, les négociateurs ont des intérêts communs importants.

Des négociations réussies dans une conférence internationale prennent souvent la force d'un effort conjoint pour atteindre autant que possible les objectifs de chacun – malgré toutes les différences ou même les conflits d'objectifs. A l'inverse, des négociations où les participants perdent de vue ce facteur sont rarement très productives.

Cette conscience de l'interdépendance mutuelle des négociateurs est la pierre d'angle des stratégies à succès dans les conférences multilatérales. De toute évidence, plus les négociateurs identifient et porte les intérêts et objectifs communs, plus la négociation va être coopérative et se traduire par un accord. A l'inverse, si les intérêts et objectifs divergent, le conflit est plus probable, ce qui va assombrir le processus de négociation et l'obtention d'un accord va être plus difficile.

L'environnement de la conférence

De la même façon qu'une salle pleine de personnes désorientées et en colère les unes vis-à-vis des autres ne vont sans doute pas atteindre un accord sur quoique ce soit, l'inverse correspond à un environnement propice à un accord.

Il est dès lors de l'intérêt du président de l'AG et de ceux des commissions, et de tous ceux qui veulent que la conférence réussisse, de faire en sorte que l'environnement et l'ambiance de la conférence demeurent aussi positifs que possible.

Ceci est lié à des aspects physiques tels que la température, la ventilation, l'accès à la nourriture et à la boisson et à tous les autres facteurs qui affectent le confort des délégations. Les conférences, comme les foules et les individus, ont des tempéraments et des émotions. Elles peuvent être optimistes, pleines d'espoir et coopératives. Elles peuvent être animées par un fort désir d'atteindre un accord. Elles peuvent avoir un sentiment de dynamisme qui les porte dans une direction donnée. A l'inverse, elles peuvent être désespérées, irritées ou fatiguées. Les émotions collectives comptent.

Les bons négociateurs sont conscients de ces facteurs, s'y adaptent et font ce qu'ils peuvent pour créer une atmosphère propice à un accord.

A la fois le temps et le minutage sont importants. Le négociateur confirmé doit avoir un bon sens du temps nécessaire pour que les délégations se consultent, pour que les idées fassent leur chemin, et pour que les délégations séparément et la conférence dans son ensemble atteignent le point où elles sont prêtes à prendre une décision. Ce bon négociateur est aussi capable de juger à quel moment il doit aborder un représentant, faire une intervention ou une proposition et ainsi de suite. Ce sont des moments où une certaine gêne peut être délibérément infligée aux représentants pour les pousser vers un accord, mais il s'agit d'une stratégie délicate, qu'il est préférable de laisser à ceux qui savent l'utiliser.

Engager pour les consultations

Un représentant peut initier des consultations en abordant d'autres représentants et en commençant à parler avec eux.

Les responsables de délégations s'emploient à organiser des réunions avec leurs contreparties à des moments choisis, que ce soit à un déjeuner, lors d'une réunion ou ailleurs, ou avec un facilitateur désigné pour aider à parvenir au consensus. Ils font aussi en sorte que leur délégation dans son ensemble procède à toutes les consultations nécessaires. Planifier des consultations, y compris en assignant des responsabilités aux membres de la délégation, est une tâche essentielle. Assurer que les consultations se tiennent et assurer que leurs résultats soient partagés au sein de la délégation est un aspect continu de la bonne gestion d'une délégation.

Quand a lieu une conférence de l'ONU, ses organisateurs invitent parfois les participants à une pré-conférence de prise de contact pour leur permettre d'engager des consultations officieuses préalables. Une fois que la conférence a commencé, les organisateurs organisent souvent des événements sociaux, y compris des visites et des excursions, qui donnent aux participants d'excellentes possibilités de se rencontrer et d'engager des consultations dans un contexte tout à fait officieux.

Les responsables de la conférence sont très conscients de l'importance des consultations officieuses et considèrent par conséquent qu'allouer assez de temps pour des consultations est une de leurs tâches. Ils comprennent notamment que les délégations ont besoin d'un certain temps pour se rencontrer et faire connaissance, pour absorber totalement une proposition et se prononcer dessus.

Préparation

Priorites

Chaque délégation a plusieurs objectifs qu'elle souhaite atteindre. De là, une part essentielle de sa préparation est de préciser ses objectifs et leur ordre d'importance.

L'établissement d'une liste de ses priorités peut l'aider à guider ses négociations. Au sommet de la liste, vont figurer ses objectifs impératifs, et à leur suite, par ordre d'importance, des objectifs qui ne sont pas aussi impérieux que les premiers. Le classement des priorités aide à décider quels objectifs méritent plus d'efforts et quels autres peuvent être sacrifiés pour les autres si nécessaire.

Voici une liste de questions à examiner pour vous aider à préciser vos objectifs :

- Quelles sont les questions faisant l'objet d'une décision à la conférence ?
- Quels sont les vues et les objectifs des autres délégations ?
- Quels sont mes objectifs de base ?
- Comment les atteindre ?
- Quelle est ma flexibilité ?

Information De Base

Un autre élément important de la préparation est d'être bien informé sur les questions en discussion et les positions des pays représentés à la conférence.

Dans les réunions de l'ONU, les représentants ont des pouvoirs, pour représenter les vues de leurs gouvernements respectifs. Dans cette capacité, ils ont généralement une série d'instructions de leurs capitales sur leurs priorités et objectifs. Dans les conférences Modèle ONU, les représentants jouent un rôle en incarnant leurs positions et la seule information dont ils disposent pour les aider à déterminer leurs priorités et objectifs, sont les allocutions et déclarations faites par des représentants officiels dans des réunions antérieures.

De plus, il est aussi important d'être conscient des positions des autres délégations. Cette information permet aux délégations d'identifier les possibles obstacles sur la voie d'un résultat mutuellement acceptable, servant leurs propres objectifs. Les délégations peuvent alors rechercher comment surmonter ou contourner ces obstacles. L'étape finale est de tester sa propre approche en consultant largement, pour être sûr que les autres comprennent votre solution et peuvent être persuadés de l'accepter.

Le processus de négociation

La seule façon pour une délégation d'atteindre ses objectifs par la négociation est d'arriver à un accord avec les autres délégations. Cette section porte sur les stratégies et les tactiques permettant de parvenir à un texte de résolution.

Un processus répétitif

L'essentiel de la négociation à une conférence internationale est « textuel », c.à.d. décider sur les mots spécifiques qui vont être adoptés par la conférence. Le processus consiste à resserrer un large éventail de réponses ou formulations possibles pour les ramener à une seule que la conférence peut accepter. Cet éventail n'est pas infini : il exclut les formulations qui ne sont pas acceptables pour l'un des participants. Ceci délimite le « champ d'accord possible ».

Identifier cette solution est un processus répétitif et continu, qui démarre avec une discussion exploratoire, pour que chacun soit conscient des intérêts et préférences des autres. La discussion (habituellement appelée débat dans une conférence) s'oriente alors vers une réduction du champ d'accord possible et finalement une formulation de propositions spécifiques. Ces propositions sont alors discutées officieusement et deviennent les sujets de négociations officieuses.

A cette étape des travaux, les propositions de texte ont été déposées et sont examinées ligne par ligne dans une réunion officieuse conduite par un facilitateur. Ceci permet d'identifier où il y a un accord et où les délégations souhaitent modifier le texte du projet initial. Il peut y avoir plusieurs examens pour revoir les modifications proposées du texte jusqu'à ce qu'un accord soit atteint. Quand un accord sur le libellé d'un projet de proposition ne peut pas être atteint, le président peut intervenir pour aider les délégations à parvenir à un consensus. S'il n'y parvient pas, une délégation peut demander à la commission de voter sur le projet de proposition pour décider de son sort.

C'est une progression vers un résultat. C'est pourquoi le concept d'élan est pertinent et constitue un élément important pour les négociateurs qui recherchent un résultat. Les conférences peuvent perdre leur élan, être enlisées, ou même caler. Certaines négociations retournent en arrière sur une question, où elles étaient avant que la question ne soit réglée, et réouvrent le débat voire les négociations la concernant. Par la suite, la conférence doit retrouver la voie du progrès s'il elle veut finalement atteindre un accord.

Faire passer vos souhaits dans la proposition

Le dépôt officiel de propositions spécifiques est d'une importance cruciale : une conférence peut seulement se mettre d'accord sur quelque chose qui a été proposé. Il s'ensuit que si les souhaits d'une délégation ne sont pas reflétés dans la proposition formellement déposée devant la conférence, ils ne seront pas reflétés non plus dans la décision. Pour porter les objectifs d'une délégation, la proposition devrait reprendre certains éléments qui traduisent ses objectifs.

Au vu des sections précédentes, il y a clairement plusieurs façons de procéder :

- Faites vous-mêmes une proposition (seul ou en association avec d'autres délégations)

- Encouragez une autre délégation à formuler une proposition qui réponde à vos propres souhaits

- Persuadez une autre délégation à revoir sa proposition, pour qu'elle tienne davantage compte de vos souhaits

- Fusionnez votre proposition avec celle d'une autre délégation

- Persuadez la conférence d'amender une proposition avancée par une autre délégation, de nouveau pour l'aligner davantage sur ce que vous souhaitez

- Si, comme c'est souvent le cas, une délégation a déjà aligné sa proposition, alors appuyez la ou laissez la juste faire le travail

Solutions négociées et construites

Il y a essentiellement trois stratégies possibles qui peuvent appliquées séparément, successivement ou en combinaison pour atteindre le consensus :

1. « Diviser » les divergences (c.à.d. que vous répondez aux souhaits de délégations sur certains éléments pour qu'elles vous permettent en échange de progresser sur d'autres).

2. « Donner » à d'autres délégations quelque chose qu'elles souhaitent, pour que vous puissiez progresser sur les points contestés.

3. Trouver une solution créative, qui met de côté les divergences ou permet d'une certaine manière aux parties d'atteindre leurs objectifs respectifs.

Chacune de ces trois solutions peut être utilisée d'une ou de deux façons :

- « La solution négociée » est élaborée par des délégations ayant des vues différentes, qui travaillent ensemble (au sein de la commission dans son ensemble ou dans un petit groupe en privé, qui fait rapport ensuite à la commission). Les délégations échangent des propositions et suggèrent des amendements à ces propositions jusqu'à ce que des solutions acceptables soient trouvées

- « La solution construite », est proposée par le président ou un représentant ou parfois par un petit groupe de représentants travaillant ensemble. Les partisans des différentes positions ne participent pas directement dans sa rédaction, mais cette solution n'a aucune chance d'être acceptée si leurs vues ne sont pas bien comprises et prises en compte autant que soit possible par l'auteur. Il doit consulter largement et sur cette base, développer des propositions acceptables pour tous ou au moins pour la plupart des délégations

De l'une ou l'autre façon, une solution peut seulement émerger si les délégations ont un sens concret de ce que veulent les autres. Par conséquent, une façon de réaliser en partie les souhaits d'une délégation consiste à faire savoir aux autres délégations les intentions et préoccupations d'une délégation. La transparence et la diffusion de l'information sur ces objectifs sont toutes deux importantes pour leur réalisation.

Eliminer les textes en compétition

Quand deux ou plusieurs textes sont en compétition, il existe plusieurs stratégies pour amener leurs auteurs à les retirer :

- Il peut être possible de les persuader que leur proposition ne sert pas réellement leurs objectifs, qu'elle n'est pas nécessaire car une autre proposition les sert également de façon efficace, ou encore qu'elle ne va pas être acceptée par la conférence (ces arguments peuvent être combinés)

- Il peut être aussi possible de persuader d'autres délégations de faire pression pour qu'elles retirent leurs projets

- Si nécessaire, il peut être possible d'avancer un amendement formel, qui change la signification de la proposition d'une autre délégation et l'amène à la retirer

- Il peut être possible de négocier une fusion de deux propositions en une seule, que leurs auteurs peuvent appuyer

Il y a plusieurs raisons qui justifient normalement l'intérêt à avoir une seule proposition devant la conférence. Peut-être que la plus évidente est que l'appui apporté aux propositions en compétition est automatiquement dénié à votre proposition. Par ailleurs, des délégations peuvent appuyer un texte en compétition, non pour son mérite mais en raison de la qualité de ses auteurs. Inversement, si une proposition a le support de nombreuses autres délégations, elle attire davantage d'appuis qui suivent la majorité. Pour ces deux raisons, une position est plus forte s'il n'y a pas de compétition. Même si une délégation pense qu'elle va l'emporter, une division est rarement à son avantage. D'autres délégations, comme la vôtre, vont bénéficier du consensus et être prêtes par conséquent à vous satisfaire dans toute la mesure du possible.

Pause

Quand des conflits ou des vues opposées apparaissent durant une réunion officielle, le président ou l'une des délégations peut demander que la réunion soit suspendue pour un court moment. Une pause dans les travaux permet de :

- Centrer l'attention des délégations sur la question

- Donner du temps aux délégations pour analyser la situation et considérer la suite des travaux

- Donner du temps pour recueillir davantage d'information ou d'appui

Une pause peut encourager les délégations dont les vues s'opposent à adopter une attitude plus constructive. Mais, il y a toujours un risque que ces délégations utilisent ce temps pour renforcer leur position et/ou que le temps accordé soit trop court pour résoudre le problème.

Deux erreurs courantes

Deux erreurs font souvent échouer les négociations :

- Rejeter un accord qui a des bénéfices, mais moins qu'escomptés

- Rejeter un accord qui a des bénéfices, parce que l'autre en aurait plus

Ces deux erreurs viennent d'une application erronée du principe de justice.

Médiation

Parfois, les négociateurs utilisent l'assistance de médiateurs.

Les caractéristiques essentielles des médiateurs sont les suivantes :

- Ils ne sont pas parties à la négociation

- Ils sont acceptés comme médiateurs par les parties

- Leur rôle de médiateur est accepté par les parties

Leurs fonctions peuvent être de :

- Porter des messages entre les parties

- Donner aux parties une perception extérieure de leur position et de ses chances d'aboutir

- Avancer de possibles solutions sur les questions divisant les négociateurs

- Encourager les solutions du médiateur sur ce qui divise les négociateurs

Dans tous les cas, les parties elles-mêmes restent celles qui prennent la décision finale. Elles demeurent souveraines et responsables : elles n'ont pas d'excuse si le résultat est inacceptable pour ceux qu'ils représentent.

N'importe qui peut servir comme médiateur, pourvu que les parties soient d'accord. Le président de la conférence est souvent bien placé pour cela, bénéficiant d'une compréhension inégalée des questions et des positions des parties et du prestige de sa position. Mais le président manque souvent de temps pour agir comme médiateur ou ne veut pas prendre les risques que ça implique. Il peut nommer alors un facilitateur ou « ami du président » pour essayer de trouver une solution. Des délégations se proposent souvent comme médiateurs. A l'occasion, quelqu'un qui n'est pas un représentant peut accepter de servir comme médiateur.

La médiation peut sembler une option attractive dans un certain nombre de situations. Ainsi, une délégation peut désirer recourir à un médiateur si elle :

- Estime qu'elle manque d'empathie, de connaissance, de temps ou d'intérêt nécessaires pour résoudre une question en négociant directement avec les autres parties

- A une haute estime des qualités d'un médiateur particulier et est confiante qu'il va prendre comme il se doit en compte les préoccupations des différentes délégations et le mandat de la conférence

- Est prête à faire certaines concessions mais pense qu'elles vont être plus facilement acceptées dans le pays si elles sont recommandées par un médiateur

- Appartient à une culture qui a un haut degré de respect pour l'autorité

- Se sent tenue de montrer sa forte antipathie envers certaines délégations en ne traitant pas directement avec elles

Le Médiateur Comme Formulateur

Dans la recherche d'une solution au problème posé par plusieurs délégations ayant des vues ou des objectifs différents, voire opposés, les pays ou les groupes de pays les plus puissants trouvent souvent difficiles de concevoir une solution. Leurs responsabilités sont lourdes et leurs systèmes de prise de décision sont lents et complexes. Les délégations de certains pays plus petits peuvent être plus agiles. Elles peuvent explorer des possibilités plus librement, sans exposer le statut de négociation de la puissance ou du groupe plus grand. Elles sont mieux placées pour aboutir à la solution acceptable pour la puissance ou le groupe plus grand. Elles sont souvent dans une position leur permettant de façonner le résultat de la conférence et de là, de promouvoir leurs propres intérêts.

Il y a une autre raison sensible concernant le choix du médiateur : un médiateur ne va probablement pas réussir - et n'est donc pas utile comme médiateur – s'il a des objectifs opposés à ceux d'une des parties à la négociation.

Négocier en groupes

Une pratique plus courante que la médiation est la négociation entre groupes. Dans des négociations complexes impliquant de grands nombres de délégations, les plus importantes négociations ont lieu entre représentants de groupes. Parfois, surtout en phase finale d'une conférence, ces représentants se rencontrent seuls ; mais il n'est pas inhabituel pour le groupe entier d'être présent aux côtés de son porte-parole, bien que cette personne soit la seule à parler.

Si les représentants de membres du groupe sont présents durant la négociation entre porte-paroles, les porte-paroles peuvent se consulter de façon officieuse, mais les bénéfices essentiels sont les suivants :

- Les membres du groupe peuvent voir que leurs porte-paroles représentent les vues du groupe de façon appropriée et compétente. Dans le cas improbable où ils ne sont pas satisfaits, ils connaissent tous les détails des échanges

- Ils peuvent voir tout ce qui est dit et fait dans les négociations et ils développent alors une compréhension qui serait difficile à acquérir seulement à partir de rapports

- En suivant de cette façon les négociations finales, ils peuvent acquérir le sentiment que le résultat leur appartient et se sentir en conséquence plus confortables quand le moment vient pour eux de participer individuellement à une décision collective de la conférence

Négocier de cette façon offre plusieurs avantages évidents. L'un d'entre eux est que, spécialement dans une grande conférence, il est beaucoup plus simple et rapide que dans une négociation à laquelle tout le monde participe. En fait, de nombreuses conférences ne peuvent pas parvenir à un résultat dans le temps disponible si chaque délégation participe aux négociations finales. De plus, comme chaque groupe va sans doute choisir le négociateur le plus capable à sa disposition, chaque délégation sait que ses intérêts sont représentés de façon plus efficace que si elle les représentait elle-même.

Mais le développement d'objectifs, de positions et de stratégies de négociation en commun nécessite un haut niveau de consultations et souvent de négociation dans le groupe. Il est fréquent pour les groupes de tenir des réunions prolongées et parfois animées pour résoudre les divergences. Quand le groupe est grand, il charge souvent un comité de rédaction plus petit de faire le travail détaillé et de lui soumettre des propositions.

Malheureusement, du point de vue de ceux (spécialement les pays plus petits ou plus pauvres) qui attendent beaucoup de la coopération internationale, les positions de groupes tendent à être plus rigides que celles que des délégations individuelles. Ceci tient à deux facteurs.

Le premier facteur est intrinsèque au processus de décision des commissions. Dans de nombreuses commissions, chaque participant trouve facile d'insister sur ce qu'il ne peut pas accepter et la commission n'a pas d'autre choix que d'accepter cette limitation. Inversement, si un participant souhaite faire une proposition, il fait face à la tâche énorme de convaincre les autres membres du groupe d'accepter cette proposition. Souvent, il faut des négociations dans le groupe et le résultat est un compromis qui réduit la liberté de négociation de ceux qui vont passer au stade suivant de négociation, à savoir avec les autres groupes.

Négocier dans ce système peut soulager les petites délégations de la charge qu'elles auraient autrement, mais ne les libère pas d'autres responsabilités. L'enjeu pour elles est de trouver un équilibre approprié entre leurs objectifs individuels ou nationaux sur des questions spécifiques et le désir de leurs gouvernements de faire preuve de solidarité avec le groupe.

L'autre difficulté tient à ce qu'un négociateur pour un groupe est responsable vis-à-vis des membres individuels du groupe. Il peut être critiqué ou autrement entravé par les membres du groupe qui le jugent trop aventureux ou pas assez rapide à saisir les éventuelles possibilités, entre autres choses.

Le système assigne de lourdes responsabilités aux porte-paroles des groupes. Non seulement, ils portent les intérêts du groupe entier, les obligeant à négocier avec des enjeux élevés, mais ils doivent aussi s'assurer qu'ils représentent correctement les vues du groupe. Un des défis est de savoir jusqu'où aller tout en incarnant toujours le groupe qu'ils représentent.

La porte-parole d'un groupe doit avoir une façon rapide de communiquer avec les membres de son groupe au fur et à mesure que la situation progresse. Certains utilisent une équipe de messagers qui circulent entre les représentants.

Parfois, les groupes fonctionnent à deux niveaux, quand les groupes constitutifs (par exemple le Groupe arabe au sein du G77 ou le Groupe nordique au sein de l'UE) développent des positions et nomment quelquefois des représentants qui peuvent négocier en leur nom au sein du groupe plus large. Les groupes constitutifs peuvent aussi jouer un rôle en diffusant de l'information venant du porte-parole du groupe le plus large.

Dans les conférences Modèle ONU, les groupes de négociation sont rarement, voir jamais utilisés. La plupart des représentants sont tellement occupés à préparer la position de leur propre pays sur une question particulière qu'ils ont souvent peu de temps pour explorer la position qu'un groupe politique peut avoir sur la même question. Avec un nombre plus réduit de sujets couverts dans le temps limité de la conférence, davantage de temps pourrait être consacré au processus de négociation et à la découverte de la nature des groupes de négociation.

Les Groupes d'Etats membres

Les Etats membres sont organisés en groupes officiels et officieux, ayant des objectifs et des compositions variés. La liste suivante n'est pas exhaustive et porte sur les types de groupes liés à l'AG et qui y sont actifs.

Les Groupes régionaux

Comme indiqué précédemment, les groupes régionaux ont été formés pour faciliter la répartition géographique équitable des sièges entre les Etats membres dans les différents organes de l'ONU. A ce jour, les groupes sont les suivants :

- Groupe des Etats d'Afrique (53 Etats membres)

- Groupe des Etats d'Asie-Pacifique (53 Etats membres)

- Groupe des Etats d'Europe orientale (23 Etats membres)

- Groupe des Etats d'Amérique latine et des Caraïbes (33 Etats membres)

- Groupe des Etats d'Europe occidentale et autres Etats (28 membres + Etats-Unis comme Observateur)

Les Etats-Unis ne sont pas membre officiel d'un groupe. Ils participent comme observateur aux réunions du Groupe des Etats d'Europe occidentale et autres Etats (WEOG) et sont considérés comme membre du groupe en cas de vote. La Turquie fait partie à la fois du Groupe des Etats d'Asie-Pacifique et du WEOG, et pour le vote est considérée comme membre du WEOG seulement. Le Saint-Siège participe aux réunions du WEOG comme observateur. Plusieurs pays non-européens font partie du WEOG ; ce sont l'Australie, le Canada, Israël et la Nouvelle-Zélande.

Alors que les groupes régionaux existent officiellement pour des raisons électorales et protocolaires, certains choisissent aussi de coordonner sur les questions de fond et/ou d'utiliser leur structure pour partager de l'information.

■ MODELE ONU ORGANISE PAR LE LYCEE INTERNATIONAL DE FERNEY-VOLTAIRE, FRANCE, ET LES ORGANISATIONS DE L'ONU ETABLIES A GENEVE. PHOTO ONU/JEAN-MARC FERRÉ

Les présidents des groupes régionaux tournent sur une base mensuelle. Leurs noms peuvent-être trouvés dans le *Journal de l'ONU (https://journal.un.org/fr/generalinformations/2021-10-19)*. Les présidents sont invités à parler au nom du groupe pour les cérémonies (telles que les réunions de commémoration).

Les Principaux Groupes Politiques

Les groupes suivants sont ceux qui font régulièrement des déclarations communes dans les réunions officielles de l'AG. Les membres de ces groupes ne sont pas tous des Etats membres de l'ONU. Ils sont donnés ci-dessous, suivant l'ordre alphabétique anglais.

Groupe Des 77 Et De La Chine (G77)

Le Groupe des 77, connu comme le G77, est une organisation des pays en développement, destiné à promouvoir les intérêts économiques collectifs de ses membres et créer une capacité commune renforcée de négociation à l'ONU. Ils se compose de 130 membres environ. La présidence tourne chaque année le 1er janvier. A l'AG, le G77 coordonne sur toutes les questions de la Deuxième (économique et financière) et Cinquième Commissions (administrative et budgétaire) ainsi que pour certaines de la Troisième Commission (sociale, humanitaire et culturelle) et les points de la Plénière portant sur des questions économiques et de développement. Le G77 a des bureaux permanents à l'ONU.

Davantage d'informations à : *www.g77.org*

Alliance Des Petits Etats Insulaires (AOSIS)

L'AOSIS est une alliance de 42 petits états insulaires et côtiers de faible altitude. Sa Présidence tourne tous les trois ans.

www.aosis.org

Association Des Nations De L'Asie Du Sud-Est (ANASE)

L'Association des nations de l'Asie du Sud-Est (ANASE) a dix membres, et sa Présidence tourne tous les ans.

https://asean.org/

CANZ

Concernant certaines questions, l'Australie, le Canada et la Nouvelle-Zélande coordonnent leurs positions et peuvent s'autoriser entre eux à parler ou négocier pour tous les trois.

CARICOM

La Communauté des Caraïbes (CARICOM) est une organisation de 15 nations et territoires caribéens. Sa présidence tourne trimestriellement. Elle a un statut d'observateur et a un bureau permanent au siège à New York.

www.caricom.org

Conseil Nordique

Le Conseil nordique est composé du Danemark, de la Finlande, de l'Islande, de la Norvège et de la Suède ainsi que de trois territoires autonomes. Sa présidence tourne annuellement.

www.norden.org

Forum Des Iles Du Pacifique

Le Forum des îles du Pacifique est un groupement politique comprenant 18 pays et territoires. Le pays hôte du Forum annuel est aussi le président pour l'année qui suit le Forum.

www.forumsec.org

Groupe De Rio

Le Groupe de Rio est une organisation de 23 Etats d'Amérique latine et des Caraïbes. Le pays qui accueille le sommet du Groupe le préside aussi pendant les deux années avant le prochain sommet.

Ligue Des Etats Arabes

La Ligue des Etats arabes (appelée parfois « Ligue arabe ») est une organisation régionale. Elle compte 22 membres et quatre observateurs. Sa présidence tourne sur une base mensuelle. La Ligue coordonne pour les questions de décolonisation (Quatrième Commission) et du Moyen-Orient.

La Ligue a le statut d'observateur et a un bureau permanent à New York.

www.lasportal.org

Mouvement Des Non-Alignes

Le Mouvement des pays non alignés est un groupe de pays qui ne se considèrent pas alignés formellement avec ou contre un bloc puissant important. Il regroupe environ 120 membres et 18 observateurs. Son sommet a lieu tous les trois ans. Le pays hôte du sommet en est automatiquement le président jusqu'au prochain sommet. La Troïka du Mouvement se compose du président en exercice et des présidents précédent et suivant. A l'AG, le groupe coordonne sur une variété de questions, relevant de la Première (désarmement et sécurité internationale), Quatrième (décolonisation), Sixième (juridique) Commissions et certaines questions de la Troisième Commission (sociale, humanitaire et culturelle). La Mission permanente du président du Mouvement est le point de liaison pour toute communication avec le groupe.

Comite Conjoint De Coordination

Le Comité est un mécanisme de coordination et d'harmonisation pour les Non-alignés et le G77, qui renforce la coopération et la coordination pour éviter des répétitions superflues de travail entre les deux instances. Leurs déclarations communes peuvent être faites au nom du Comité.

Organisation De La Cooperation Islamique (OCI)

L'OCI est une organisation de 57 Etats Membres. Le pays hôte de la Conférence islamique au sommet assure la présidence de l'Organisation pour trois ans. L'OCI a le statut d'observateur et a un bureau permanent à New York.

www.oic-oci.org/home/?lan=fr

Pays En Developpement Sans Littoral

Il y a 22 pays en développement sans littoral. Leur situation spéciale est reconnue par l'AG. La Présidence tourne tous les deux ans.

www.un.org/ohrlls/fr

Pays Les Moins Avances (PMA)

Les PMA sont un groupe de pays dont la composition est basée sur un ensemble de critères définis par l'AG. Il y a actuellement 48 PMA. La présidence tourne tous les trois ans.

Union Africaine (UA)

L'Union africaine regroupe 53 membres. L'Union a le statut d'observateur permanent et maintient un bureau permanent à New York. L'UA et le Groupe des pays d'Afrique travaillent étroitement ensemble sur les questions du ressort de l'AG. La délégation de l'UA à NY fournit des installations de conférence aux pays membres du Groupe. C'est habituellement le Groupe qui prend la parole à l'AG et non l'Union.

www.au.int

Union Europeenne (UE)

L'UE est une union économique et politique entre 27 pays européens. L'Union a son propre service diplomatique et un bureau permanent à New York, la Délégation de l'UE. L'UE a un statut d'observateur réhaussé à l'AG et coordonne toute une gamme d'activités à l'ONU. La Présidence de l'Union tourne tous les six mois.

https://europa.eu/european-union/index_en

AUTRES GROUPES

« JUSCANZ » est un groupe officieux d'Etats Membres qui se composait au départ du Japon, des Etats-Unis, du Canada, de l'Australie et de la Nouvelle-Zélande (d'où son acronyme anglais). Le groupe s'est étendu et compte maintenant des pays qui n'appartiennent ni au G77, ou aux non-alignés ou à l'UE. Il coordonne principalement les questions de la Deuxième Commission (économique et financière) et de la Troisième Commission (sociale, humanitaire et culturelle). Sa composition et le champ de sa coordination sont différents pour chaque commission.

Le terme « Grand groupe » est utilisé dans le contexte du développement durable pour se référer aux organisations de la société civile. Il y a neuf grands groupes : Entreprise et industrie, Enfants et jeunes, Agriculteurs et petits propriétaires forestiers, Peuples autochtones, Autorités locales, ONG, Communauté scientifique et technique, Femmes, et Travailleurs et syndicats.

PRENDRE LA PAROLE A UNE CONFERENCE

Une conférence internationale est en premier lieu un exercice de communication entre des personnes de nombreuses nationalités différentes. Il est très difficile de communiquer de façon efficace avec de grandes différences de langue, de culture, de personnalité, d'appartenance professionnelle et sociale, d'expérience, etc...

Ceux qui comprennent l'ampleur véritable du défi savent qu'ils doivent faire attention à chaque élément de la communication orale (et écrite) et connaissent la difficulté d'améliorer constamment leur performance dans chaque aspect de cette activité compliquée.

Naturellement, il est important de s'adresser au président par son titre correct, comme énoncé dans les documents de la conférence.

La lecture devant un auditoire peut être monotone et peu motivante. Et dans une conférence, les représentants parlent souvent à partir d'un texte préparé ; l'enjeu est alors de masquer cela et d'éviter une lecture plate et sans conviction.

Tout ce que dit un représentant doit être prémédité et a fait souvent l'objet d'un échange avec d'autres délégations.

Dans le Débat général (et lors de la réunion de clôture) d'une grande conférence, les représentants s'adressent à plusieurs audiences en même temps, à savoir la conférence, mais aussi l'opinion publique nationale, etc. Il est dès lors prudent de penser à ce qu'une déclaration va signifier pour ces différentes audiences.

Des audiences et des sensibilités culturelles variées

Durant le débat général et lors de la réunion de clôture de l'AG, l'attention du monde est centrée sur les Chefs d'Etat et autres dirigeants importants. Les

■ PARTICIPANTS A UN MODELE ONU A L'AG. PHOTO ONU/LOEY FELIPE

médias internationaux sont présents (et le Département de la communication globale diffuse les travaux sur Internet). De plus, de nombreux observateurs des ONG sont présents, qui vont faire un rapport par leurs propres canaux. Une version imprimée des déclarations dans le débat général est aussi distribuée. Les orateurs s'adressent ainsi à plusieurs audiences à la fois, qui vont recevoir leur message de différentes façons, directes et indirectes.

Les orateurs doivent donc penser à ce que leur déclaration va signifier pour chacune de ces audiences. C'est partiellement pour cela que les déclarations du débat général doivent être rédigées avec soin. Les réunions internationales importantes comme le Débat général de l'AG sont des plateformes essentielles pour les gouvernements pour montrer à leurs populations qu'ils sont respectés par les autres gouvernements, engagés dans de nobles causes, défenseurs des intérêts et principes nationaux et limités de donner à leurs populations tout ce qu'elles souhaiteraient par des contraintes extérieures échappant à leur contrôle.

La conséquence inévitable de cette situation est que l'orateur va consacrer du temps pour s'adresser à son audience nationale et à d'autres audiences d'intérêt pour son gouvernement, mais de moindre intérêt pour la réunion.

Lorsque la session de l'AG progresse au-delà du Débat général, l'intensité de la couverture des médias décline fortement. Quand la phase des commissions arrive, le public et les observateurs sont souvent exclus ou leur nombre diminue de beaucoup. Lorsque la discussion et la négociation se déplacent dans les couloirs et les arrière-salles, il n'y a pas de note ou d'enregistrement public et les seules « oreilles » sont celles des participants. A ce stade, l'audience réelle des délégations se rétrécit considérablement.

Cependant, même quand le public n'est pas présent et les autres audiences extérieures ne sont plus essentielles, les représentants ne préparent pas leurs remarques pour une audience uniforme. Par exemple, lors d'une négociation, les vues exprimées par une délégation sont entendues simultanément par les délégations partageant ses vues, celles s'y opposant et les indécises. Par conséquent, les délégations doivent penser aux effets de leurs remarques, des trois façons suivantes :

- Encouragent-elles ceux qui ont des vues similaires à maintenir leur appui et leur confiance ?

- Aident-elles à convaincre les indécis ?

- Découragent-elles ou l'emportent-elles sur les opposants ?

Les délégations à une conférence Modèle ONU doivent aussi considérer les audiences auxquelles elles s'adressent et l'effet de leurs déclarations sur les négociations avec les autres délégations.

Sensibilités culturelles

Les délégations représentant leurs pays aux réunions de l'ONU ne doivent jamais oublier qu'elles viennent de cultures très différentes. De nombreux éléments qui appartiennent aux échanges normaux dans leur culture nationale peuvent être déplacés dans un contexte international, causer des malentendus et provoquer des outrages involontaires.

Lors des conférences Modèle ONU, les participants représentent des pays avec lesquels ils ne sont peut-être pas familiers. Participer à Modèle ONU permet ainsi de se familiariser avec d'autres cultures et rencontrer et de se lier d'amitié avec des étudiants d'autres pays. L'expérience conduit avec un peu de chance à une prise de conscience accrue des sensibilités culturelles.

Mobiliser l'audience

L'écoute de la radio nous permet souvent d'affirmer quand un texte nous est lu. Il sonne de façon monotone et peu convaincante. Dans une conférence internationale, les représentants parlent habituellement à partir d'un texte préparé, et l'enjeu est donc de ne pas le faire entendre et d'éviter un rendu plat et peu attrayant.

Une partie de la réponse est d'établir un contact visuel avec l'audience ou, s'il est impossible de fixer les autres représentants, au moins de regarder le président. Il faut combiner des regards délibérés et expressifs avec des pauses significatives pour donner vie à une déclaration. Il convient de penser aux mots à accentuer, à la fois pour aider l'audience à comprendre et pour souligner les choses importantes.

Certains représentants arrivent bien à mémoriser leurs déclarations et à les prononcer avec une spontanéité apparente; d'autres, à les lire sans le montrer, que ce soit dans leurs voix ou leurs mouvements.

La vitesse

Les orateurs inexpérimentés ont tendance à parler trop vite. Ceci est particulièrement mauvais dans les conférences internationales. Les interventions doivent être plus lentes avec des pauses plus longues que dans la conversation normale.

Les représentants veulent capter l'attention de leur audience mais celle-ci va « déconnecter » si la déclaration est trop rapide. Certains écoutent dans une langue qui n'est pas la leur et ils vont mieux comprendre si la déclaration est plus lente.

Des pauses appropriées sont aussi importantes pour les mêmes raisons. Elles aident à la compréhension, spécialement pour ceux qui écoutent une langue qui n'est pas la leur ou n'est pas celle de celui qui parle.

Il est de loin préférable de raccourcir une déclaration, même en sacrifiant des éléments importants, que de parler trop vite au risque de na pas être compris.

Dans les réunions officieuses, il est possible de parler un peu plus vite, mais n'oubliez pas que la compréhension nécessite des pauses et du rythme.

L'émotion

Pour captiver une audience, il est important de se montrer motivé. Le sentiment qui transmet le mieux un message et le fait raisonner est la sincérité. Communiquer avec sincérité permet au message de passer plus facilement les différences culturelles et les divisions politiques.

Une émotion encore plus facile à transmettre au-delà des différences culturelles, mais qui conduit rarement à un résultat constructif, est la colère. En donnant l'impression d'être en colère ou simplement irrité, un représentant prend le risque de s'aliéner l'audience. Certains peuvent penser que l'orateur a perdu le contrôle et n'agit en conséquence pas rationnellement. De plus, l'audience va interpréter cette telle attitude comme défavorable à une possibilité d'accord et dès lors à ses propres objectifs pour la conférence.

Entre la très désirable sincérité et la dommageable colère, il y a la passion. Dans des cas extrêmes, une passion bien contrôlée dans une intervention pour une cause (avec laquelle les autres peuvent s'identifier) peut être un bon atout. Mais, manifestée trop souvent, pour des causes qui ne la justifient pas, et non contenue par un sens du réalisme et le souci de prendre en compte les préoccupations des autres, elle devient rapidement négative et fait obstacle à la capacité d'influencer la conférence.

Ce sont les autres représentants qui jugent, avec leurs propres sympathies et valeurs, si ces lignes ont été dépassées. La conclusion : la passion peut être source d'inspiration mais dans la plupart des situations, mieux vaut la dissimuler.

La solennité

Comme noté précédemment, la dignité (car un représentant incarne une nation entière) et la conformité aux coutumes et règles connues par l'audience (qui la souhaite donc et la considère comme une marque de respect) sont essentielles. Le niveau de solennité dans une conférence varie au fur et à mesure du déroulement : les cérémonies d'ouverture et de clôture et le Débat général tendent à être plus formels, alors que le passage en commission l'est moins et que les réunions en petits groupes encore moins. Ceci est valable pour le style des déclarations de même que pour les autres aspects. Une constante demeure cependant, à savoir la politesse traditionnelle, qui consiste à tout le temps faire preuve de respect pour les autres délégations, en tant qu'individus et pour les gouvernements, les Etats, les nations et les causes qu'elles représentent.

Les formes de prise de parole

Naturellement, il est important de s'adresser au président par son titre correct, tel qu'établi dans les documents de la conférence. Dans les commissions des grandes conférences officielles, c'est « Madame – ou - Monsieur le Président ».

Quand le président vous a donné la parole, les premiers mots d'un représentant sont « Merci Madame - ou Monsieur - le Président ». Et ensuite, il est de coutume de commencer la première phrase en reprenant le titre de la personne à qui s'adresse la déclaration – dans ce cas, « Madame – ou Monsieur - le Président ». De même, « Madame - ou Monsieur - le Président » peuvent parsemer une déclaration pour rythmer les paragraphes ou souligner des points particuliers (par exemple, « Ma délégation, Madame - ou Monsieur - le Président », n'abandonnera jamais ... »).

S'adresser à d'autres Interlocuteurs

Comme le président est la personnification de la commission, il est normal et largement entendu que le vrai interlocuteur lors de l'adresse au président, est normalement la commission dans son ensemble.

Mais parfois, les remarques sont dirigées vers une autre délégation ou un nombre limité de délégations ou raisonnablement une autre partie comme le secrétariat. La convention qui veut que toutes les remarques soient adressées au président signifie que ces adresses ne peuvent être qu'indirectes.

En d'autres termes, dans un débat officiel, parler des autres se fait uniquement à la troisième personne. Toutefois, ils comprennent qu'il s'agit d'eux. Cet usage a un parallèle dans la tradition de nombreuses langues européennes d'utiliser la troisième personne comme la façon la plus formelle et polie de s'adresser à quelqu'un d'autre (par exemple, le « Usted » espagnol, le « Vous » français , le « Sie » allemand, et en anglais « Your Excellency, Lordship, the Right Honourable », etc). Dans les conférences plus formelles (par exemple, l'AG ou la Conférence du désarmement), la tradition est de se référer aux autres exclusivement comme « le Distingué représentant de {nom du pays} ». Omettre « Distingué » serait un faux pas grave, et possiblement un affront délibéré.

L'usage des formes « correctes » d'adresse est la façon la plus élémentaire de montrer du respect pour la conférence et les autres délégations.

Préparation, objectif et structure

La préparation

Tout ce qu'un représentant dit doit être prémédité et discuté avec les autres délégations, autant que possible, avant qu'il ne prenne la parole.

Si un représentant dit quelque chose auquel un autre représentant se sent tenu de répondre, ce dernier n'a pas à lever sa plaque immédiatement. Il doit prendre un peu de temps pour préparer sa réponse et consulter, si c'est utile, les autres délégations avant de demander la parole. Toute délégation a un droit de réponse mais elle doit se souvenir que pour l'exercer, elle doit attendre la fin de la liste des orateurs.

La nécessité d'une préméditation soigneuse signifie aussi qu'il faut, dans toute la mesure du possible, écrire les mots qu'il est souhaitable d'utiliser, ou au moins les têtes de paragraphes ou les phrases clés. Un représentant peut aussi décider, si c'est justifié, de donner une copie de son texte à des délégations sélectionnées, pour augmenter les chances d'être bien compris.

L'objectif

Toute intervention fait progresser ou ralentit le Débat général, pousse dans une direction ou détourne dans une autre direction et en d'autres termes, contribue à déterminer le résultat de la conférence. Chacun doit alors considérer soigneusement ce qu'apporte une prise de parole à un moment donné. Une décision de ne pas parler est souvent le moyen le plus efficace de faire progresser ses propres objectifs.

Si un représentant prend la parole, il doit percevoir clairement l'objectif et l'effet probable de son intervention. Il doit se demander :

- Qu'est-ce que j'essaye de faire en prononçant cette déclaration ?

- Qu'est-ce que j'essaye d'éviter ?

- Est-ce que mes paroles peuvent être mal comprises, offenser, ou être mal représentées de sorte à nuire à mes objectifs ?

La transition entre le débat et la négociation est mince. Le débat est une discussion ; la négociation est un effort commun pour élaborer un texte susceptible de faire l'objet d'un accord et qui peut incorporer autant que possible vos objectifs.

Le Débat peut dès lors :

- Avoir le même objectif que la négociation
- Préparer la voie pour la négociation
- Se muer en négociation

La négociation :

- Peut prendre place dans des cadres officiels ou officieux
- Est sujette aux mêmes règles que le débat
- L'audience visée est la même que dans le débat

La distinction entre les deux est dès lors juste une question de forme – mais en tant que tel, c'est important.

La structure

Les interventions sont plus faciles à comprendre et plus persuasives si elles sont structurées. La structure dans une intervention signifie qu'une attention est accordée à la façon dont les différentes parties de l'intervention s'articulent les unes par rapport aux autres, dont les idées ou arguments sont développés, dont, s'enchainent les points, dont s'équilibrent les différents points et d'autres éléments similaires.

Une façon éprouvée de développer des arguments est de :

- Procéder par étape
- Introduire de nouvelles idées une par une
- Partir d'idées générales et largement acceptées
- Relier les nouvelles idées à un point de repère (pour montrer qu'il y une cohérence avec lui ou la nécessité de s'en écarter)
- Présenter les propositions comme des contributions à un objectif commun
- Être aussi spécifique et limité que possible
- Verrouiller toutes les extensions indésirables de votre proposition

■ MODELE ONU INTERNATIONAL SE DEROULANT A L'ONUG (GENEVE)/PIERRE ALBOUY

Cette section fournit des liens à d'autres sources d'information utiles pour préparer une conférence Modèle ONU :

Informations générales sur les Nations Unies

Site de Modèle ONU : *www.un.org/mun*

"The Essential UN" : *www.un-ilibrary.org/content/books/9789213626993*

Publications des Nations Unies *: https://shop.un.org/fr*

Bibliothèque en ligne des Nations Unies : *www.un-ilibrary.org*

Guide de recherche de la Bibliothèque Dag Hammarskjöld : *https://www.un.org/fr/library*

La Charte de l'ONU : *https://www.un.org/fr/about-us/un-charter/full-text*

L'Assemblée générale des Nations Unies

Assemblée générale : *www.un.org/fr/ga/*

Les Résolutions de l'Assemblée générale : *https://www.un.org/fr/ga/75/resolutions.shtml*

Le Règlement intérieur de l'Assemblée générale : *www.un.org/fr/ga/about/ropga/*

« The GA Handbook » (un guide pratique de l'AG) : *https://www.eda.admin.ch/dam/mission-new-york/en/documents/UN_GA__Final.pdf*

Le Conseil de sécurité des Nations Unies

Le Conseil de sécurité : *www.un.org/securitycouncil/fr*

Les Résolutions du Conseil de sécurité : *www.un.org/securitycouncil/fr/content/resolutions*

Le Règlement intérieur provisoire : *https://www.un.org/securitycouncil/fr/content/provisional-rules-procedure*

Le Manuel des Méthodes de travail : *https://www.un.org/securitycouncil/fr/content/working-methods-handbook*

Introduction aux travaux du Conseil de sécurité : *https://www.un.org/en/model-united-nations/security-council*

Les documents des Nations Unies

Vue générale de la documentation de l'ONU : *https://research.un.org/fr*

Comment trouver les documents de l'ONU : *https://research.un.org/fr*

Symboles de la Documentation de l'ONU : *https://research.un.org/fr/docs/symbols*

Autres ressources en ligne

Bibliothèque numérique de l'ONU : *https://digitallibrary.un.org/?ln=fr*

Système de diffusion électronique des documents : *www.un.org/fr/sections/general/documents/*

Les Etats Membres au fil des sessions : *https://www.un.org/fr/library/unms*

Communiqués de presse : *www.un.org/press/fr*

Journal des Nations Unies : *https://journal.un.org/fr/*

Système de référence terminologique de l'ONU (UNTERM) : *https://unterm.un.org/unterm/portal/welcome*

Bases de données en ligne : *https://www.un.org/fr/library/page/databases*

Ressources supplémentaires

L'Annuaire des Nations Unies : ***https://www.un.org/en/yearbook***

■ CONFERENCE MODELE ONU DANS UN LYCEE INTERNATIONAL. PHOTO ONU/PAULO FILGUEIRAS

Le système des Nations Unies

ORGANES PRINCIPAUX

ASSEMBLÉE GÉNÉRALE

CONSEIL DE SÉCURITÉ

CONSEIL ÉCONOMIQUE ET SOCIAL

SECRÉTARIAT

COUR INTERNATIONALE DE JUSTICE

CONSEIL DE TUTELLE[6]

Organes subsidiaires

- Comités permanents et organes ad hoc
- Commission du désarmement
- Commission du droit international
- Conseil des droits de l'homme
- Corps commun d'inspection (CCI)
- Grandes commissions et autres comités de session

Fonds et programmes[1]

FNUAP Fonds des Nations Unies pour la population

ONU-Habitat[8] Programme des Nations Unies pour les établissements humains

PAM Programme alimentaire mondial (ONU/FAO)

PNUD Programme des Nations Unies pour le développement
- **FENU** Fonds d'équipement des Nations Unies
- **VNU** Volontaires des Nations Unies

PNUE[8] Programme des Nations Unies pour l'environnement

UNICEF Fonds des Nations Unies pour l'enfance

Organes subsidiaires

- Comité contre le terrorisme
- Comités des sanctions (ad hoc)
- Comité d'état-major
- Comités permanents et organes ad hoc

Commissions techniques

- Condition de la femme
- Développement social
- Forum des Nations Unies sur les forêts
- Population et développement
- Prévention du crime et justice pénale
- Science et technique au service du développement
- Statistique
- Stupéfiants

Commissions régionales[8]

CEA Commission économique pour l'Afrique

CEE Commission économique pour l'Europe

CEPALC Commission économique pour l'Amérique latine et les Caraïbes

CESAO Commission économique et sociale pour l'Asie occidentale

CESAP Commission économique et sociale pour l'Asie et le Pacifique

---

Départements et bureaux[9]

EOSG Cabinet du Secrétaire général

BCAD Bureau de la coordination des activités de développement

BLT Bureau de lutte contre le terrorisme

BSCI Bureau des services de contrôle interne

Bureau des affaires de désarmement

Bureau des affaires spatiales

Bureau des Nations Unies pour les partenariats[2]

Bureau du (de la) Conseiller(ère) spécial(e) pour l'Afrique

Bureau du (de la) Haut(e)-Représentant(e) pour les pays les moins avancés, les pays en développement sans littoral et les petits États insulaires en développement

Bureau du (de la) Représentant(e) spécial(e) du Secrétaire général chargé(e) de la question de la violence contre les enfants

Bureau du (de la) Représentant(e) spécial(e) du Secrétaire général chargé(e) de la question des violences sexuelles commises en période de conflit

Bureau du (de la) Représentant(e) spécial(e) du Secrétaire général pour la question des enfants et des conflits armés

DCG Département de la communication globale

DESA Département des affaires économiques et sociales

DGACM Département de l'Assemblée générale et de la gestion des conférences

DMSPC Département des stratégies et politiques de gestion et de la conformité

DOS Département de l'appui opérationnel

DPO Département des opérations de paix

DPPA Département des affaires politiques et de la consolidation de la paix

---

Publié par le Département de la communication globale de l'Organisation des Nations Unies 21-0

Recherche et formation

:ole des cadres du système des Nations Unies

NIDIR Institut des Nations Unies pour la recherche sur le désarmement

NITAR Institut des Nations Unies pour la formation et la recherche

NU Université des Nations Unies

Autres organismes

NUCED[1,8]

CR[1] Haut-Commissariat des Nations Unies pour les réfugiés

'C Centre du commerce international (ONU/OMC)

NU-Femmes[1] Entité des Nations Unies pour l'égalité des sexes et l'autonomisation des femmes

NOPS[1] Bureau des Nations Unies pour les services d'appui aux projets

NRWA[1] Office de secours et de travaux des Nations Unies pour les réfugiés de Palestine dans le Proche-Orient

Organisations apparentées

AIEA[1,3] Agence internationale de l'énergie atomique

AIFM Autorité internationale des fonds marins

Commission préparatoire de l'Organisation du Traité d'interdiction complète des essais nucléaires

CPI Cour pénale internationale

OIAC[3] Organisation pour l'interdiction des armes chimiques

OIM[1] Organisation internationale pour les migrations

OMC[1,4] Organisation mondiale du commerce

Tribunal international du droit de la mer

Commission de consolidation de la paix

Forum politique de haut niveau pour le développement durable

Mécanisme international appelé à exercer les fonctions résiduelles des Tribunaux pénaux

Opérations de maintien de la paix et missions politiques

Autres organes[10]

Comité chargé des organisations non gouvernementales

Comité des politiques de développement

Comité d'experts de l'administration publique

Instance permanente sur les questions autochtones

ENUNG Groupe d'experts des Nations Unies pour les noms géographiques

NUSIDA Programme commun des Nations Unies sur le VIH/sida

NGGIM Comité d'experts sur la gestion de l'information géospatiale à l'échelle mondiale

Recherche et formation

NICRI Institut interrégional de recherche des Nations Unies sur la criminalité et la justice

NRISD Institut de recherche des Nations Unies pour le développement social

Institutions spécialisées[1,5]

FAO Organisation des Nations Unies pour l'alimentation et l'agriculture

FIDA Fonds international de développement agricole

FMI Fonds monétaire international

GROUPE DE LA BANQUE MONDIALE[7]

- **BIRD** Banque internationale pour la reconstruction et le développement
- **IDA** Association internationale de développement
- **SFI** Société financière internationale

OACI Organisation de l'aviation civile internationale

OIT Organisation internationale du Travail

OMI Organisation maritime internationale

OMM Organisation météorologique mondiale

OMPI Organisation mondiale de la propriété intellectuelle

OMS Organisation mondiale de la Santé

OMT Organisation mondiale du tourisme

ONUDI Organisation des Nations Unies pour le développement industriel

UIT Union internationale des télécommunications

UNESCO Organisation des Nations Unies pour l'éducation, la science et la culture

UPU Union postale universelle

SS Département de la sûreté et de la sécurité

CDH Haut-Commissariat des Nations Unies aux droits de l'homme

CHA Bureau de la coordination des affaires humanitaires

LA Bureau des affaires juridiques

NUDC Office des Nations Unies contre la drogue et le crime

NUG Office des Nations Unies à Genève

NUN Office des Nations Unies à Nairobi

NUV Office des Nations Unies à Vienne

NDRR Bureau des Nations Unies pour la prévention des catastrophes

Notes :

1 Membres du Conseil des chefs de secrétariat des organismes des Nations Unies pour la coordination (CCS).

2 Le Bureau des Nations Unies pour les partenariats sert de coordonnateur pour la Fondation pour les Nations Unies.

3 L'AIEA et l'OIAC font rapport au Conseil de sécurité et à l'Assemblée générale.

4 L'OMC n'a pas obligation de faire rapport à l'Assemblée générale, mais elle contribue à titre spécial à ses travaux et à ceux du Conseil économique et social, notamment en ce qui concerne les finances et les questions de développement.

5 Les institutions spécialisées sont des organisations autonomes dont le travail est coordonné par le Conseil économique et social (au niveau intergouvernemental) et par le CCS (au niveau intersecrétariat).

6 Le Conseil de tutelle a suspendu ses activités le 1er novembre 1994, suite à l'indépendance des Palaos, dernier territoire sous tutelle des Nations Unies, le 1er octobre 1994.

7 Le Centre international pour le règlement des différends relatifs aux investissements (CIRDI) et l'Agence multilatérale de garantie des investissements (AMGI) ne sont pas des institutions spécialisées au sens des articles 57 et 63 de la Charte, mais font partie du Groupe de la Banque mondiale.

8 Les secrétariats de ces organes font partie du Secrétariat.

9 Font également partie du Secrétariat : le Bureau de la déontologie, le Bureau des services d'ombudsman et de médiation des Nations Unies, et le Bureau de l'administration de la justice.

10 Consultez la liste complète des organes subsidiaires du Conseil économique et social à cette adresse : www.un.org/ecosoc/fr.

Ce tableau reflète l'organisation fonctionnelle du système des Nations Unies, à seule fin d'information. Il n'inclut pas tous les bureaux et organismes des Nations Unies.

Juillet 2021